不動産投資は自分らしく生きる道具

女子のための資産運用入門

杉原杏璃

おうち時間の過ごし方

家はオン・オフ切り替えられる場所。
美容と健康にも投資しています！

DAY TIME

猫背になりがちなので、たまに身体をのばして。運動ゼロ人生でも、グラビアのおかげで背筋力はあります。

5年近く愛用中のネスプレッソマシーン♪　1日、3杯は飲んじゃいます♡　起きたて一番の淹れたてカフェラテはテンション上がります。

話題のゲームはなんでもチェック。VRで戦闘ゲーム。360度映像が広がっているから臨場感が半端ない！

NIGHT TIME

おやすみ前は扇風機で涼みタイム！　エアコンは冷えすぎたり、乾燥で喉をやられちゃうので自然の風に癒やされてます。

変身パックの上から美顔器中。低周波と高周波で、トリートメントからエクササイズまで！

お風呂あがりにファンの方にいただいた変身パック。孫悟空になって保湿♡

Real estate investment
is a tool to live
your own way

女子
のための
資産運用
入門

不動産投資は
自分らしく
生きる道具

杉原杏璃
Anri Sugihara

祥伝社

はじめに

私が投資を始めた理由

こんにちは、杉原杏璃《すぎはらあんり》です。

私が投資家人生を歩み始めてから、14年が経ちました。

投資は私にとって生きがいでもあり、趣味でもあります。

もし投資をしていなかったら、今の私はなかったかもしれません。

ですので、14年前の私、23歳のころの私を、「よく一歩踏み出せたね！」とほめてあげたいぐらいです。

前著『株は夢をかなえる道具』（祥伝社）で、私が株を始めたのは、タレントの仕事だけでは食べていけなかったからだと書きました。

今の私は「株タレント」と呼ばれるようになり、投資関係の取材やイベントで毎日忙しくしています。株を始めて10年間でトータルで1億円ぐらい稼ぎ、そのお金で補正下着の会社も立ち上げました。その事業も順調で、年商は億を超えています。

そして、2年前には結婚してプライベートも充実しています。

おおげさではなく、今の幸せを手に入れられたのは、株投資をしていたからです。

もちろん、お金がすべてではないですが、お金があると自分の夢ややりたいことに早く近づくことができます。

私は16歳で芸能界に入って、19歳で広島から東京に出てきました。進学ではなく、芸能界のお仕事で食べていこうと決めたのです。

これからは毎日雑誌の撮影が入ったり、テレビに出たり、忙しくなるんだろうな、と最初は淡い夢を抱いていました。

けれども、現実はそんなに甘くはなくて、無名の新人にはなかなか仕事は回って来ません。そのころは演技レッスンを受けながら、ドラマのオーディションを受けたりしていたのですが、何回も落ちてしまいました。やっともらえた役も小さな役ばかり。バラエティ番組にも出ていたけれども、「鳴かず飛ばず」の状況がずっと続いていました。

そんなときに知り合いから株投資を勧《すす》められて、軽い気持ちで始めてみました。

最初に使ったお金は30万円くらいで、23歳の女の子にとっては大金ですが、「なくなっても、1年間の勉強代だと思おう」と覚悟を決めました。ビギナーズラックだったのでしょうが、最初から利益を得られて、投資の楽しさに目覚めていきました。

リスク分散のために不動産投資を始める

私が本格的にグラビアアイドルのお仕事を始めたのは24歳で、グラビア界では遅咲きです。10年以上頑張ってきましたが、グラビアアイドルは年齢的にいつかは卒業しなくてはなりません。そこで消えていくグラドルも多いので、私も「無冠のグラドル」なんて呼ばれていたこともありました（苦笑）。

それでも芸能界でなんとか生き残ってこられたのは、株をやっていたから。それが強みとなって、仕事の幅が広がっていきました。

「芸は身を助ける」って言いますが、私の場合は**「株は身を助ける」**です。

私なりの株投資の方法については、前著をぜひ参考にしてください。女性ならではの簡単で安心できる、ギャンブルをしない投資法を紹介しています。

今でも、株は続けています。

私にとって株は、歯磨きをしたりお風呂に入るのと同じぐらいの「日常の習慣」です。

株でお金を得る以上に、いろんなリターンが私にはありました。

その一つが、とにかくメンタルを鍛えられたこと。

株は上がったり下がったりするので、一喜一憂するうちに、ちょっとのことでは動じないようになりました。

何より、自分に自信を持てるようになったのが嬉しい効果です。

株を始めてから経済や金融、政治について勉強するようになったので、世の中の動きがだんだん分かるようになりました。そうなると、周りの大人の会話についていけるようになり、自分の言葉で自分の意見を伝えられるようになったのです。

そのおかげで、今は「ニュース女子」という番組で、専門家のおじ様たちを相手にしても、自分の考えを主張できるようになりました!

そして、世の中の動きに関心を持てば持つほど、**リスクを分散する**ことの大切さも分かってきました。

リーマン・ショック前からずっと株式投資を続けてきて、銘柄に関する分散投資はかなり進めてきたのですが、資産全体としても株だけに偏《かたよ》らず分散を心がけたほうがいいかもと考え始め、新たな投資にチャレンジすることにしました。

それが本書でご紹介する不動産投資です。

家賃収入を得られたら、パートやアルバイトの仕事をしなくてもすむかもしれません。そうすれば趣味を楽しんだり、家族と過ごしたりする時間を確保できるので、心の余裕を手に入れられるのではないでしょうか。

フルタイムで働いている方も、「今の会社のお給料では、老後が心配」と思っているかもしれません。それを家賃収入でカバーできれば、**副業をしなくても、定年後にまた働かなくても、悠々自適な生活を送れます。**

「備えよ、常に」で手段を増やす

お金は貯めているだけでは活《い》かせません。

日本人は貯金が大好きですが、ただお金をストックしているだけでは、実は安心は手に入れていないんじゃないかな、という気がします。

今は銀行に預けても利子なんてほとんどつきませんし、定年やリストラで仕事がなくなったら、現金収入が途絶えてしまいます。そうなったら、貯金を取り崩していくしかありません。

安心は国や会社が与えてくれるものではなく、自分で手に入れるもの。

安心を手に入れるために投資は味方になってくれるでしょう。

私がいつも自分に言い聞かせているのは、**「備えよ、常に」**という言葉です。

「備えよ、常に」はボーイスカウトのモットーだそうですが、いつ何が起きても対処できるように準備しておけば、何とか乗り切れるものです。

投資はまさしく「備え」です。

投資に年齢は関係ありません。定年後もできるので、今から始めてコツをつかんでおいて、老後は運用だけで悠々と暮らせたら、素敵ですよね。

不動産投資は年収や職業によって、ローンの金額や買える物件が変わります。「貯金がない」「年齢的に始めるのは遅い」と諦める前に、自分の資産を見直したり、不動産会社に足を運んでみたり、まずは動いてみてほしいなと思います。

この原稿を書いている6月は新型コロナウイルスの影響で、経済は大打撃を受けています。株価は下がり、塩漬け状態ですが、これは買い場と思ってナンピン買い（持っている銘柄の株価が下がったときに、さらに買い増しして平均購入価格を下げること）をしているところです。

緊急事態宣言解除とともに、日経平均株価も続伸し、最近では2万2000円を回復してきているので、これから海外投資家も日本市場に戻ってきて、下振れしてしまった日本経済も徐々に元気を取り戻していくだろうと期待はしています。

今回のことで、こういうときに**不動産投資という別の収入源があると安心できる**んだな、と気づきました。

たとえ経済が悪化しても、家賃はすぐに下がるわけではありません。自分が職を失っても、家賃収入があれば景気が上向きになるまで持ちこたえられるでしょう。不動産投資は不況に強いという意味がよく分かりました。

これまで株式投資を中心にしてきましたが、将来的には不動産の比率を上げていくかもしれません。

この本が出るころにはコロナは終息していてほしいですが、この先どうなるかは誰にも分かりません。

だからこそ、常に備えるために、皆さんにも投資で自分の身を守ってほしいと思います。


不動産投資はまだ始めて2年弱のビギナーで、実は私も分からないことばかりですし、すでに失敗もしています。今回の本では、不動産の専門家のお力も借りながら、皆さんと一緒に勉強していきたいと思います。

この本が、皆さんの新たな一歩を踏み出すきっかけになると嬉しいです。

Contents

はじめに……003

Chapter 01

不動産投資で眠っているお金に働いてもらう

- 子どものころから密かに憧れていた大家さん……020
- 「住みたい」気持ちで選ぶ……023
- 物件選びはＡＩを活用、スマホで管理……027
- リスクを減らすなら中古……029
- 東京ではなく、あえて大阪……031
- 今だから言える、後悔していること……033

Chapter 02

初心者でもできる、不動産投資の始め方

● ほったらかしでいい……038
● 不動産投資の流れ……042
● 不動産会社の選び方……047
● 一棟より一室……053
● ローンの仕組み……055
● 物件選びで重視したこと① 利回りをチェックする……059
● 物件選びで重視したこと② 築年数と場所……062
● 知っておきたい、不動産投資のリスク……066
● 不動産が安定資産と言われるわけ……071
● 不動産も出口戦略が大事……074

● Column 分からないより知ることが大事！
金利×返済方法で支払い額が変わる……078

Chapter 03

不動産投資で失敗しないために

● お散歩しながら物件サーチ……084
● 投資物件も分散投資！……086
● 地域ごとの特性を見極め、穴場を探す……088
● タワマンは怖い……091
● 不動産投資は女性に向いている……093
● 10年後、20年後……のライフスタイルに合った投資……095

Chapter 04

不動産投資の不安やローンの疑問について教えて！

- 正社員以外でもローンは組める……098
- 不動産投資は「保険」や「年金」代わりになる……105
- 一口オーナーという方法もある……110
- 区分投資がいいか、一棟買いがいいか……112
- 単身者向けマンションへの不動産投資は景気に左右されにくい……115
- 不動産会社で聞くべき3つのポイントは「立地」、「家賃」、「修繕」……118

いくらお金が必要？　ランニングコストを理解する……125
心配性は不動産投資に向かない？……129

Chapter 05

投資はなんでも試してみる

わたしの投資事情公開

今こそ、投資のチャンスです……134
仮想通貨をかじってみました……139
注目の仮想通貨、アソビコイン……143
フワフワした投資には注意！……147
投資と一緒に歩んできた人生……150
これから注目している銘柄……153

Chapter 06

お金との上手な付き合い方

● 人生初のローンを組みました……156
● 口座を分けて、カンタン資産管理……159
● 私のざっくりポートフォリオ……162
● お金を貯めるには、お金の川をつくる……166

Chapter 07

「備えよ、常に」で安心も手に入れる

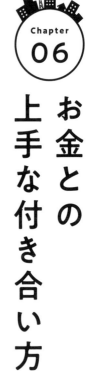

●結婚＝安定ではありません……170
●自分が積み上げてきたものを大事にする……173
●人生は、面白おかしく生きられたら勝ちです！……177
●苦しいときほど、動いてみよう……181
おわりに……185

[STAFF]

ブックデザイン	藤塚尚子
編集協力	大畠利恵
写真撮影	掛川陽介
スタイリスト	菊地文子
ヘアメイク	矢部恵子
取材協力	GAテクノロジーズ
協力	フィット

＊本書に記載されている内容は、2020年6月現在の情報をもとに作成しています。不動産投資やその他投資一般に関する情報提供を目的として書かれたもので、投資の勧誘を目的にしたものではありません。また、特定の商品やサービス、不動産会社、証券会社、金融商品を勧めるものではありません。金利や価格は日々変動しており、それに伴う情報にも変更がある場合があります。最新の情報は不動産会社や証券会社、各ホームページなどでご確認ください。

＊本書に記載された内容はすべて著者の個人的な見解に基づいたものであり、特定の機関、組織、グループの意見を反映したものではありません。

＊本書の掲載内容に関しては最新の注意を払っていますが、内容を保証するものではありません。本書で紹介した内容に従って投資を行ない、損失を出した場合も著者及び出版社はその責任を負いかねます。

Chapter 01

不動産投資で眠っているお金に働いてもらう

子どものころから密かに憧れていた大家さん

私が小学生のとき、登校班で集まる場所が、近所のアパートでした。もともと、そこは一軒家だったのですが、その家のご夫婦が自宅を壊してアパートにしたのです。

私はその家のおばさんと仲がよくて、いつもかわいがってもらいました。

子ども心に不思議だったのは、おじさんもおばさんも昼間もずっと家にいたこと。二人で仲よくアパートの周りを掃除したり、庭の花を手入れしたりしているのを見て、「仕事に行かないのかな」と思っていました。

うちの祖母に「あのおじちゃんとおばちゃんって仕事をしてないの？」と聞いたら、「あそこの夫婦は大家さんなの。部屋を貸して家賃で暮らしているのよ」と言われました。

それを聞き、「へ〜。大家さんって、楽しそう！　いつか私も大家さんになれたらいいなあ」なんて思うようになりました。

30歳を過ぎて、株投資をしていると公表してから、投資関係のお仕事が舞い込むようになりました。意外にも多かったのが、不動産会社が主催する不動産投資のイベントや番組の出演。私は不動産投資についてはチンプンカンプンだったので、会場にいるお客さんの代表として、専門家の方のお話を聞くような感じです。

私も、「不動産投資をやらないんですか？」とよく聞かれましたが、心の中で「そんな怖いことはできない！」と思っていました。

不動産は安くても数百万、高いと億単位のお金が必要になるので、一度でそんな大金を投じるなんて、怖くてできません。前著でも書きましたが、私のモットーは「投資の資金は、投資で稼いだ利益から出す」です。身《み》の丈《たけ》に合った投資をしてきたから、ここまで続けてこられました。

もともと、私はマイホームを買うことも怖くて、独身時代に住んでいたのも賃貸マンションです。実は今も個人事務所として借りています。

株は株価が下がってもすぐに売れますが、不動産は何かあってもすぐに手放すことはできないので、所有しようという気になりませんでした。

それに、株は形のあるものを売買しているわけではなく、液晶の中で完結します。けれど、不動産は「家」という形のあるものを使って利益を得なくてはならないので、「例えば、この部屋を買って、誰かに貸すってこと？」と、自分の部屋で考えていると、怖くなってきます。

不動産投資で自己破産する人が多いという話も聞いていたので、「絶対にムリ！」と感じていました。

「住みたい」気持ちで選ぶ

気持ちが変わったのは、イベントやインタビューを通して専門家の方の話を聞いているうちに、不動産投資のことがだんだん分かってきたからです。何が危険で、なぜ失敗するのか、どうすればうまくいくかが徐々に見えてきました。

私は株の銘柄を選ぶときに「ご縁」を大切にしています。

一緒にお仕事をした会社や、いつも製品を愛用している会社の銘柄を中心に選んでいます。

不動産投資を始めたのも、まさに「ご縁」があったからです。

私が不動産業界に興味を持つようになったのは、イベントやテレビ番組で私を呼んでくださった不動産会社のファンになったのがきっかけです。ＧＡテクノロジーズという会社で、ＡＩを活用した不動産探しなど、新しい視点のサービスを展開しています。社長の樋口龍《ひぐちりょう》さんは、元スポーツ選手で、ものすごくガッツがある人のようです。この会社を応援したいと思い、株を買っていました。

それ以降、どんどん興味が湧いてきて、あるとき、不動産投資について相談してみたところ、お時間を取っていろいろと説明をしてくださいました。そのときに、今まで自分の中にあった漠然とした不安が希望に変わったのを感じました。

その流れで、ある物件を見せていただきました。普段の買い物には慎重なのに、そのときは「この物件はいい！」とスイッチが入って、その場で購入を決めていました。ただ、その不動産会社とは仕事を通して信頼関係を築けていたから、即断即決ができたんだと思います。皆さんは、くれぐれも即買いはしないでくださいね。

私が購入したのは、大阪の中心的スポットである「キタ」にアクセスしやすい、閑静な住宅街にある1Kのお部屋で、購入額は約1400万円、表面利回り（59ページ）は5・53％でした。最寄りの駅からも近く、築年数もそんなに経っていなかったので、迷うことなく購入を決めました。

実は、私は現地に行くこともなく決めてしまったんですが、それができたのは大阪はなじみ深い土地だったからです。

学生時代はよく大阪に買い物をしに行っていたので、大阪についての土地勘はあります。東京の表参道まではいかないですが、大人の方々が住むエリアなので割と治安はいいだろうな、とイメージできました。

物件の実物を見ずに決めてしまった私ですが、一目ぼれしたのは、それなりに理由がありました。

まず、写真を見たときに外観がヨーロッパ風でいい感じ、「ここなら私も住みたい」と思いました。女性だったら同じ理由で選ぶかもしれないので、**女性の「好き」「素敵」という感覚は大切**です。

間取りも1Kなのでキッチンとリビングが分かれていますし、トイレとバスルームが独立しているのもいいな、と思いました。一人暮らし用のワンルームだとユニットバス形式だったり、キッチンとリビングが仕切られていないので料理のにおいがこもったり、住みづらそうなイメージがあります。

部屋には大きな窓があったほうがいいですが、西日が入るかどうかはチェック。西日が入るとすごく暑くなるし、白い家具は変色してしまいます。

個人的には玄関が北向きかどうかも気にします。

風水では、北向きの玄関は人間関係やお金を遠ざけてしまうと言われています。自分が住む物件ではないので、そんなに気にする必要はないのかもしれませんが、住む人が不幸になるのは悲しいですからね。

建物の築年数は当時12年ぐらい、11階建てで4階の一室なのもGOOD！　1、2階だと泥棒に入られるかもしれませんし、上のほうの階だと地震などの災害でエレベーターが止まったときに大変なので、4階はちょうどいいと思いました。でも、実は4階というのは、ちょっと気になったのですが、私のマネージャーさんは「4は幸せの〝し〟だ」と常に言っているので、「それならいいかな」と買うことにしました。

買ってから気づいたのは、近くに川が流れていたこと。

大阪は2018年に大型台風が直撃して、大きな被害を受けました。マンションを買って2、3カ月の出来事だったのですが、そのときになって「川が氾濫《はんらん》するかもしれない」と気づき、ドキドキしました。

不動産会社から「大丈夫ですよ」と連絡がきたので安心しましたが、周辺の環境をチェックしておくのも大事だなとつくづく感じました。

物件選びはAIを活用、スマホで管理

株は人から勧められた銘柄を鵜呑《うの》みにして買うことはあまりしません。それで失敗した経験もあるので、自分で探して選ぶのが一番、と考えています。

それが、不動産投資ではＡＩによって選び抜かれた物件を、そのまま買ってしまいました。

たくさんある物件の中から、自分の好みを入力して自動で選んでくれるというのはよくありますが、そこは一日５００件以上の不動産の中から、収益性の高い物件だけをＡＩが選び、さらに不動産会社のエージェントがそれぞれのお客さんのニーズに合った物件を選んで紹介しているのです。

街の不動産会社だとベテランのおじいちゃんから若手の方までいて、どうしても人によって差が生まれたりするのですが、**AIだと個人の嗜好性などが入らないの**

で、質を保てるのだそうです。

私は3件の物件を見せていただいたのですが、どれも同じくらい魅力的で選ぶのが難しかったです。

本当だったら物件自体を見に行ったり、もっと細かく物件の情報を見たりしないといけなかったのでしょうが、一切見ずに買いました……（苦笑）。それだけそのシステムに撃ち抜かれてしまったのです。

また、物件データの解析や管理ツールなどにＡＩを活用していて、その情報をスマホのアプリで簡単にチェックできるのも便利です。「これなら何年後にローンを返せて、どの程度の利益を見込めるかな」と収支のシミュレーションもできます。

不動産は紙が多いイメージで、膨大な量だと読む気になれませんし、アプリに見るべきポイントが簡潔にまとまっていると、探す手間も省け、時短にもなります。

リスクを減らすなら中古

私が選ぶのは中古です。新築はキレイだしとても魅了的なんですが、どうしても価格が高いですし、しかも1年経つと結構下がってしまうと聞くので怖いからです。株投資で上がるものを狙ってきた私としては、大幅に値下がりすると分かっているものを買う勇気が持てず躊躇《ちゅうちょ》してしまいます。

ただ、新築でも利便性が高いような人気物件であれば、そんなに大きな値下がりがないといいますが、人気の物件となるとやはり高くて……。

中古は半値ぐらいまで落ちたら、そこから先はゆるやかに下降していくので、それならリスクは抑えられると思っています。中古でも良質な物件なら、買ったときよりも高く売れる可能性もあるでしょう。

それに、新築は必ずしも入居者がいるとは限りません。

新築マンションを買って、入居者ゼロのままが続いたら、怖すぎます……。

中古マンションなら、入居者が途切れない物件なのかどうかは現物を見に行ったら分かるんじゃないでしょうか。私の買った物件のようにすでに入居者がいる物件も多くあります。

知り合いに、駅直結の人気分譲物件の抽選に毎月手当たり次第に応募している新築投資の達人がいます。常に自分で住む前提で買っているのですが、あまりに人気が高いのですぐ売却して利益を得、また新たな物件に応募するというパターンを繰り返しているようです。

けれども、もし売れなかったら高額なローンを返済しないといけないので、それを考えると不動産投資で地道に家賃で収入を得るほうが安全かな、と私は思います。

中古もあまりにも古すぎると修繕費がかかる可能性があるので、**築5年以降、15年ぐらいまで**がちょうどいい気がします。

東京ではなく、あえて大阪

私の場合、東京の物件は値段が高いですし、いろいろ考えると無理をして都内に買わなくてもいいのかな、と考えています。

東京には人が集まりすぎているので、これからは地方に分散されていくのではないでしょうか。コロナ禍《か》でリモートワークを導入する企業が増え、必ずしも東京で仕事をする必要はなくなっています。また、若い世代で地方に移住する人が増えているという話も聞きます。

私自身も東京と、実家のある広島とを行き来しながら暮らすのが理想です。そのために実家も建て替えました。

大阪の物件を買ったのは、25年に万博（日本国際博覧会）が開催される予定だし、ＩＲ（統合型リゾート）事業の計画もあるからです。これからもっと発展するんじゃないかな、と期待を持っています。東京よりも物件価格は安いですし、道頓堀には中国人をはじめとする観光客が押し寄せていますし。コロナの影響で一時的に観光客は減りますが、落ち着いたら、また増えるだろうと楽観視しています。

広島には世界遺産の宮島・厳島《いつくしま》神社や原爆ドームがあるので、昔から外国人観光客が多くて、いつもホテルが埋まっているという状況を見ながら育ってきました。観光客が多いと街に活気があって、観光客向けの仕事が多いので、住む人も多くなります。

そういう地域のほうが不動産も価値が下がりづらくなるんじゃないかな、と感じています。

今だから言える、後悔していること

実は一つだけ後悔していることがあります……。それは一括払いで物件を購入したことです。

「借金は資産である」と不動産の世界ではよく言われています。

私はこの言葉を聞いたときはまったく信用せず、「ウソウソ、借金は負債でしょ」と思っていました。

その言葉の意味が分かったのは、物件を運用し始めてからです。

毎月家賃が入ってくるのは嬉しいのですが、単に買うために費やしたお金が戻ってくるだけで、「利益を生んでないのでは?」と気づきました。

購入額は約1400万円で、家賃は6万5000円ほどの物件なので、買った代金を回収するまでに18年ぐらいかかります。本当の利益が出るのは、19年目からです。

経費や税金もすべて計算に入れたら、もっとかかるかもしれません……。

そこで初めて、「借金は資産」の意味が分かりました。

ローンは利息がつくので、その分、元々の代金よりも多く支払わなくてはなりません。けれども、家賃で相殺《そうさい》されるので、自分の手元にあるお金を使わずにすみます。ローンを完済したらその物件は自分のものとなり、そこからは家賃も純粋な収入になります。そこにたどり着くまで自分のお金ではなく、借金でまかなえるのなら、借金も資産だと言えるんじゃないか、と感じたのです。

それに、ローンは確かに借金ですが、家賃からローンを引いた分は自分のものにできます。つまり、自分でお金を出さずに、キャッシュを得られることになるのです。

たとえキャッシュが月に1万円しか入らないのだとしても、年間で12万円。

今は銀行は超低金利で、預金していても年間に数十円や数百円しか利息がつかなかったりします。それなら、**口座に眠っているお金を使って不動産投資をしたほうが、お金を増やせる**のです。

低金利な今こそ、ローンを組んで投資をするチャンスだと言えます。

だからといって、億単位の物件に投資したいとは全然思いませんが、次の物件はローンを利用して運用してみたいと考えています。

それと、事前にもっとリサーチをしておけばよかった、とも思います。

不動産投資を熱心にしている人は、空室率を調べるために物件に足を運んで、郵便受けや電気メーターを見てどれぐらい入居者がいるのかを確認する人もいるのだとか。まるで探偵みたいですよね。

私は株投資も専門的な知識はほとんどないまま、最低限の知識しかない状態でスタートしたので、不動産投資でもとにかく買ってみようと思い購入しました。

ただ、不動産投資は徹底的にリサーチすれば成功率は上がって、そういう人たちが複数の物件で大きな利益を上げられるんだろうな、というのは分かります。

物件自体は「もし空室が仮に何カ月も続くようなことがあったら自分で使おう」と思えたものを選んだので後悔していませんが、もう少し調べていたら物件の選び方は違っていた気もします。

皆さんは後悔のないよう、地に足の着いた不動産投資をしてくださいね。

Chapter 02

初心者でもできる、不動産投資の始め方

ほったらかしでいい

「不動産投資」っていう言葉を聞くだけで難しそうなイメージがあるし、手続きも面倒そうだし、女性にはハードルが高いんじゃないか……。私も以前はそう思っていました。

でも、今は女性で不動産投資をする方は増えていますし、初めての投資で不動産投資を選ぶ女性もいるそうです。

不動産投資はすぐに大きな利益が出るというよりは、数年続けているうちにキャッシュが貯まっていくので、コツコツ積み重ねるのが得意な女性に適した投資です。

不動産投資の利益は大きく分けると、「家賃収入」と「売却で得る利益」に分かれます。

ずっと家賃で収入を得るのもアリですし、数年で物件を売って、別の物件を買うのもアリ。本当の大家さんになりたい人は自分で物件を管理するのもアリです。

また、後述しますが、不動産投資ローンを組むと、団体信用生命保険（団信）に加入することになります。何かあったとき、保険会社が代わりにローンを払ってくれるので、**生命保険の代わりになり、もし万が一自分に何かあっても、家族にローンがない物件と毎月の家賃収入を残せます。**

女性は損するのが嫌なので、つい減ってしまうリスクを考えてしまいます。家賃以外に保険がつくなどオプションがあると惹かれますよね。


買ったあとは管理会社にお任せすれば、大家さん的なことは何もしなくてOK。このパターンの不動産投資のほうが主流で、私もこれを選びました。

毎月入ってくる家賃はスマホアプリで見られるので、「あ、入った」と確認しますが、それ以外は何もしていません。あまりにも何もしていないので、物足りなく感じるぐらいです。

働いている女性は、平日は自分の仕事で忙しいですし、休日は休みたいですよね。休日に働いている方もいらっしゃるでしょう。

お子さんがいる家庭は、朝から晩までずっと家族のお世話で休む間もないでしょうし、子育てしながら働いているなら、なおさらほかのことをしている時間はないはずです。

ですので、忙しい人ほど、不動産投資はオススメです。

株のように定期的に株価をチェックする必要もないので、勝負事が苦手な女性には受け入れやすいんじゃないでしょうか。

広島の地元の友だちに「不動産投資を始めたんだ」と話したら、「えっ、ホントに⁉ 私もやってみようかな」と、みんな好反応でした。

意外にも、株のほうが難しそうで、不動産投資は「家賃をもらえる」というイメージがあるみたいです。それに、結婚している友だちはマイホームをローンで買っているので、それと同じ感覚なのでしょう。

確かに、株はどの銘柄を選べばいいのか最初は分かりませんし、売買のタイミングを見極めるのも、簡単ではないかもしれません。「指値《さしね》」とか「成行《なりゆき》」といった専門用語を聞いたら、それだけで「なんだか難しそう」となるのも分かります。

不動産投資は書類のやり取りやコストの計算など、ちょっと面倒なこともありますが、それらを専門家に頼む方法もあります。極端な話、自分では専門的なことが全然分からなくてもできてしまうんです。

それを考えると、専門的な数字に弱い女性でも始めやすい投資なのかな、と感じます。

不動産投資の流れ

不動産投資は、簡単に言えば「大家さんになる」ということです。

そう聞くと、「アパートの掃除や修繕をしなくちゃいけないの?」「入居者から家賃を集めなきゃいけないの?」と思うかもしれません。

そういった大家さんがするお仕事は管理のプロに任せればいいので、自分は何もする必要はありません。私も、物件に一度も足を運ばずに管理することができています。

不動産投資の大きな流れは次の3ステップになります。

1、物件を選ぶ
2、購入する

3、貸す・売る

細かい手続きや注意点はありますが、おおまかにはこの3つです。

物件を買うといっても、自分がお金を払うわけじゃありません。**誰かに住んでもらって家賃から利益を得られる、「金の卵を産んでくれるニワトリ」を買う**という感覚が近いと思います。

私の3ステップは次のような感じでした。前章のおさらいになりますが、振り返ってみましょう。

1、物件を選ぶ

お仕事でおつきあいのあった不動産会社に相談したところ、3つの物件を紹介していただきました。

その物件はどれも魅力的だったので、その場で大阪のマンションを即決。現地に行かずに、何の下調べもせずに買おうと決めました。

ただ、即決はリスクがあるのでお勧めできません。実際、下調べは必要だと、買ったあとで感じることに……。

2、購入する

私はもともとローンで買い物をするのが好きではなくて……。

普通に買い物をすればその商品の代金だけを払えばいいけれど、ローンは利息を追加で払わなければならなくなります。子どものころからお菓子を買うときでも安く買えるお店を探していた私としては、利息はどうしてもムダにお金を払っているようにしか思えません。

今回、物件を決めたときに不動産会社にはローンを組むよう勧められましたが、「私、ローンで払う気はないので！」とつっぱねて、一括払いで購入しました。

ただ、この決断を後悔することになります……。

3、貸す・売る

物件を買った不動産会社のグループ会社が不動産の管理も手掛けているので、そこのサービスを利用することにしました。

ですので、私がしたのは契約書などの書類にサインをしただけ。あとはほったらかしです（笑）。

幸運なことに、その物件はすでに入居者がいました。その部屋はどこかの企業が社員寮として借りていて、社員さんが住んでいたのです。ですので、空室を心配する必要はありませんでした。

株と同じように、**不動産投資も「安く買って、高く貸す・売る」のが基本**です。私が持っている物件も、価格が上がれば売るかもしれません。

このような感じで、私は「不動産投資をやってみようかな」と思い立ってから、行動に移すまではあっという間でした。私は株投資も事前に入門書を一冊だけさっと目を通して、「習うより慣れろ」という感じで、すぐに始めました。

今回は、『金持ち父さん貧乏父さん』を読み、この本がきっかけで不動産投資を始められる方がたくさんいたんだということを勉強したくらいで、知識もないまま始めました。それは、自分が株をやっていたので、同じ投資の仲間でしょ、くらいの楽観的な考えだったからです。

ただし、株は数万円や数十万円の損失で済むかもしれませんが、不動産投資は数百万、数千万の物件をローンを組んで買うので、私がやったことは無謀だったかもしれません。

しかし、事前にしっかり調べて、計画を立ててやれば、怖い投資ではありません。株だと日々の株価に振り回されることもありますが、不動産投資は、将来の不安が払拭され、精神的な安定を手に入れられるでしょう。

不動産会社の選び方

株は自分で証券会社に口座を開いて、気になる会社の株を売買しますが、不動産の売買には専門の会社の協力が欠かせません。不動産会社の販売形態には大きく分けて2種類があります【図01】。

一つは「売主」。自社が管理している物件を販売しています。もう一つは「仲介」。他社の物件を販売し、仲介手数料をとります。

不動産会社は、売買から物件の管理までをワンセットでしているところが大半です。そのような会社を選べば、不動産会社とだけおつきあいすることになると思います。

なかには、仲介と売買だけを手掛けていて、管理業務は請け負っていないところもあります。その場合は、自分で大家さん業をするか、管理会社を探して任せることになるでしょう。

不動産会社も、管理会社も、結局のところは人間関係がすべてです。

皆さんも、信頼できない人と一緒に仕事や作業をしてトラブルばかりが増えて、仕事が回らなかった経験はあるのではないでしょうか。自分が不安な点を聞いたときに親身に答えてくださったり、「この人にお任せしたい」と心から思えたりするような人でないと、取引しないほうがいいと思います。

ですので、一軒目で決めるのではなく、数軒の不動産会社で話を聞いてから、どこと取引をするのか決めるのが安全です。

「マンションは管理を買え」という言葉もあるように、長く物件を維持するためには管理の仕方が大切です。せっかく買った物件が手入れをされず、外壁や廊下にヒビが入っていたり、植え込みにごみが投げ捨てられたままだったりしたら、資産価値は下がります。

特に、空室は一番のリスクです。それをどれぐらい保証してくれるのかは大事なポイントです。「頑張って部屋を埋めます！」なんて言葉はあてになりません。

多くの不動産会社は、毎月一定額（家賃の10％ぐらい）の保証料を支払えば、空室

図01「売主」と「仲介」の違い

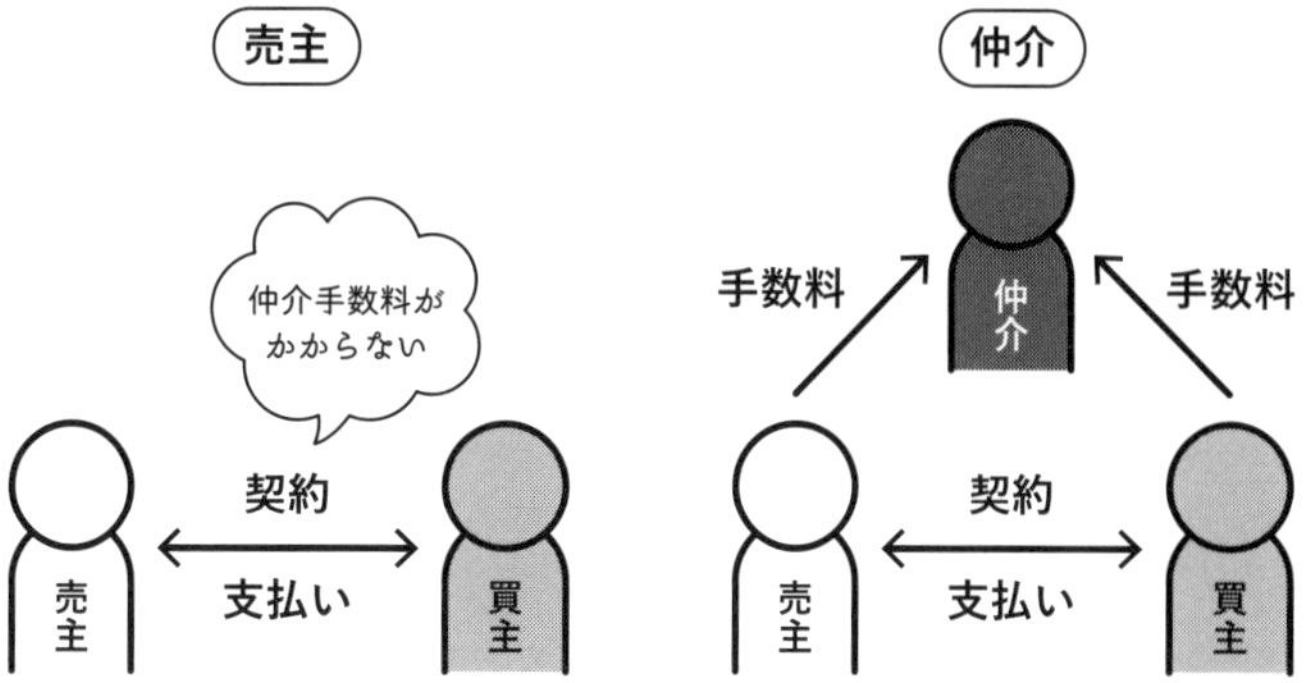

が発生したときに家賃保証をしてくれるサービスがあるようです。

料金によってサービスの内容は変わるので、自分が買おうとしている物件の家賃や築年数とのバランスを見ながら決めたほうがいいと思います。家賃はそれほど高くないのに、がっちり保証してもらえるサービスをつけたら、手元に入ってくるキャッシュが少なくなります。

すべての物件にこういったサービスがついているわけではないので、要確認です。

また、どのような管理をしてもらえるのかは、事前に確認しましょう。

私が物件を買った不動産会社は販売から入居者の募集や審査、家賃の集金といった管理業務も請け負っていたので、一括でお任せできて楽です。私が月1000円（税別）で利用しているサービスは、家賃の滞納や、退去時の原状回復費用も管理会社が負担してくれます。

ただし、管理もセットにしている不動産会社だから安全安心、というわけではありません。「もし設備に修理が必要になったら、どこまでしてもらえるのか。トラブルが起きたら？」という感じで、どこまで対応してもらえるのかを詳《くわ》しく確認したほうが安全です。

私もついこの間、投資物件として購入した大阪の物件の入居者さんから、「窓の網戸が壊れたので修理してほしい」と管理会社を通して連絡がありました。どこまで管理会社が負担してくれるのかきっちりと把握してなかったので、初めての修理依頼でアタフタしてしまいました。予想外の出費でしたが、結果、家賃収入から差し引いていただくかたちで支払うことになりました。

料金の安い会社に飛びつくのではなく、どのように管理をしているのかを慎重に見極めましょう。

ちなみに、分譲マンションの場合、管理組合の集まりがあるので、同じように行かなきゃいけないのかなと気になっていました。不動産会社に確認すると、私の買ったマンションは参加しなくても大丈夫だと言われて安心しました。

単身者向けマンションは私のように不動産投資で買っているオーナーが多く、参加しない人が結構いるので大丈夫という話でした。管理組合で決まったことが書面で送られてくるので、それを読んで同意するかどうかを記入して返送すればＯＫでした。


最近はネットで投資用物件を紹介しているサイトはたくさんありますが、買うときは不動産会社や管理会社の担当者と直接会うことになると思います。

不動産の大手チェーン店は全国的に物件を抱えていて、どんなタイプの不動産にも対応できるかもしれません。対して、**特定の地域だけ、特定の物件だけに強い不動産会社もあります。**

私としては、特定の地域に特化している不動産会社のほうが、いい物件が多い気がします。特定の地域に詳しいのなら、「この地区は子育て世代が多い」「この地区はこれから開発が進む」といった地元の人しか知らないようなきめ細かい情報を持っている可能性があるので、物件選びの参考になります。

「この地域だったら、どこが一番いいんですか？」と聞いたときに、「駅近だったら大体入りますよ」などと答えてきたら、要注意。

どこでも、「この駅は人気があるけど、この駅はダメ」というように、人気のエリアとそうでないエリアがあるはずです。

「うちは駅近でも、この駅の物件には手を出しません」「この駅は南口はいいけれど、北口はダメ」など、ざっくばらんに答えてくれる会社なら信用できると思います。

ほかにも、「この物件の周辺の人通りはどうですか？」とか、「近くにスーパーはありますか？」のように現地に行かないと分からないようなことを聞けば、どれぐらい詳しいのかが分かるのではないでしょうか。とにかく、少しでも気になるところがあったら確認してみて、それでも納得できないなら、その会社で無理に物件を買う必要はないでしょう。

物件はいくらでもあります。焦って買ってしまったら、「やっぱり買わなければよかった」と後悔の種になるかもしれないので、私が言うのも何ですが、勢いで買うのはリスクが高いと思います。

「迷ったら買うな」と肝《きも》に銘《めい》じておきましょう。

一棟より一室

不動産投資には、いろんな種類があります。

マンションやアパートのほかに、一戸建てを買って貸す人もいれば、ビルや店舗、倉庫や工場もあります。それぞれに特徴があり、選ぶのに困るほどです。最近は空き家を買って貸す人も増えているようです。

私が買ったのはマンションの一室で、部屋だけを買う投資スタイルを「区分マンション投資」と言います。

なかには、マンションやアパートを丸々一棟買って、貸し出している人もいます（「一棟マンション投資」）。そうしないと利益が生まれないという意見もあるのですが、少なくとも初心者向けの投資ではないと思います。

一棟を買うと資金がたくさん必要になりますし、空き部屋が増えれば、それだけ自腹を切らなくてはいけない額が増えていきます。それで大きな負債を抱えて、物件を売りたくても売れずに困っている人は少なくありません。

例えばケーキは丸ごとホールを買うより、一切れだけ買うほうが実は割高です。だから大人数で食べるときはホールのほうが割安になる。けれども、ホールは一人だけだと食べきれません。残るとムダになっちゃいます。

それと同じで、全部部屋が埋まれば得するのは一棟かもしれませんが、自分で管理しきれないので、利益が少なめでも区分で買うほうが身の丈に合っているんじゃないかと思います。

ローンの仕組み

不動産を買うといっても、一括払いで買うというわけではありません。

私は一括で購入したので、ローンを組まなかったのですが、次回の投資のときは絶対ローンを組みたいと思います。

ローンは銀行（信用金庫を含む）からお金を借りて、月々の分割で利息と借金（元本）を返していくことです。

不動産投資の場合、返済は毎月の家賃からになります。

毎月の家賃が5万円で、ローンの返済も5万円だったら、まったくキャッシュが入らないので投資の楽しみも半減します。もちろん、不動産会社からアドバイスしてもらえるでしょうが、実質利回り（59ページ）を計算して、どれぐらいのキャッシュが入るのかを確かめながら毎月の返済額を決めたほうがいいと思います。

基本的には、不動産会社経由で金融機関に審査を申し込んで、審査が通ればローンを組めます。

ここで知っておきたいのは、不動産用のローンにはマイホーム用と不動産投資用の、主に2種類があるということ【図02】。

マイホーム用の住宅ローンの金利（利息）は0・5〜2・0％ですが、不動産投資用のローンは1・5〜4・5％と高くなります。

金利を見て、「マイホーム用のローンを組んで人に貸したほうが、利益が大きくなるんじゃない？」って思うかもしれませんが、それは住宅ローン詐欺《さぎ》になるのでNGです！

仕事の都合で引っ越すことになって、マイホームを誰かに貸すのであれば、銀行が承諾したら問題はありません。でも、不動産投資目的でこっそりマイホーム用のローンを組んで人に貸したのが銀行にバレたら、残りのローンを一括で返済するように求められるケースもあると聞きます。

ですので、ちゃんと不動産投資用のローンを組みましょう。

図02 「投資用ローン」と「住宅ローン」の違い

	投資用ローン	住宅ローン
用途	投資用不動産	住居
金利	およそ1.5%～4.5%	およそ0.5%～2.0%
審査内容	物件が生み出す価値や事業性に加え、個人の返済能力等を審査	個人の返済能力を審査
年収	500万円以上	300万円以上 ※ローン金額によっては300万円未満でも可能な場合があります。
融資期間	最長45年（84歳まで完済）	最長35年（81歳まで完済）
金融機関	都市銀行、地方銀行、ノンバンク	住宅金融支援機構、都市銀行、地方銀行、信用銀行
融資限度額	年収7～8倍	年収6～7倍

※利用する金融機関によって条件が変わります。
※購入物件（構造・築年数等）、ローンを組む人の年齢等により融資年数が異なります。

memo

頭金をおさめたり、女性や若年層、シニアに対する優遇措置がある日本政策金融公庫を利用するなど、年収が低くても融資が受けられる可能性があるので、不動産会社に相談してみて。

ただ、誰でも申し込めば審査が通るというわけではなさそうです。

投資用はマイホームの審査よりも厳しくて、支払う人の支払い能力だけではなく、物件の収益性も対象になるそうです。いくら支払う人がお金を持っていても、空室が続きそうな物件だったらお金を貸してもらえないということですね。

それに、私のように芸能界のお仕事をしていると、マイホームであってもローンの審査が厳しく見られるようです。芸能界のお仕事は不安定で、今売れっ子の芸能人でも10年後も売れているという保証はないので、銀行も貸したがらないのです。

ですので、会社に正社員で勤めている人や公務員だと審査を通りやすいそうです。

そのほかの職業の人はローンを組めるのかどうかは、Ｃｈａｐｔｅｒ４を参考にしてください。頭金をどれぐらい用意すればいいのかも、目安になると思います。

物件選びで重視したこと①
利回りをチェックする

私が物件選びで一番重視したのは「利回り」です。

利回りとは投資したお金に対して、どれぐらい利益が出るかということ。

ここで私たち初心者が注意しなくてはいけないのは、利回りは、主に「表面利回り」と「実質利回り」の2つがあるという点です【図03】。

そして、必ず「実質利回り」を見なくてはなりません。なぜなら、実際に月々手元に入ってくる金額は「実質利回り」だからです。

「表面利回り」は、不動産の価格を単純に家賃で割って、年間にどれぐらいの利益になるかが書いてあるだけ。実際の収入ではありません。

私が購入した物件は約1400万円で、表面利回りは5・53%。毎月の家賃は6万5000円ほどなので、年間で78万円入ってくると思っていました。けれども、実際

図03 不動産投資の利回り

$$\text{表面利回り} = \frac{\text{年間の家賃収入}}{\text{物件の価格}} \times 100$$

$$\text{実質利回り} = \frac{\text{年間の家賃収入} - \text{年間経費}}{\text{物件の価格} + \text{諸経費}} \times 100$$

	表面利回り	実質利回り
東京	約 4.5%	約 3.9%
大阪	約 5.5%	約 4.8～5%

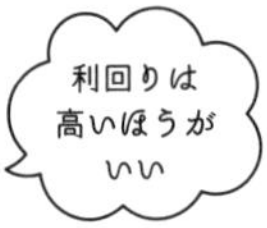

（参考：GA テクノロジーズが取り扱う1K の物件の場合）

は月に5万5000円ぐらいしか入ってこなくて、「あれ？」とビックリしました。

私は、管理会社に任せている管理費や修繕積立費などを計算に入れていなかったのです。それに、不動産は年に4回固定資産税を払わなければなりません。それもコストに入れたら、毎月の利益は4万円ぐらいになると気づきました。

こういったコストを引いた利益が、「実質利回り」です。

「実質利回り」は多くの不動産会社は出していないので、自分で求めるしかないようです。実は、私が物件を買った会社はちゃんと買う前に「実質利回り」もシミュレーションして見せてくれたのですが、私はきちんと聞いていませんでした（苦笑）。

私は利回りは最低でも3・5％、4％を超えたら○だと思っていました。選んだ物件は5％を超えていたので◎。ただ、これは「表面利回り」で「実質利回り」はもっと低くなります。

「実質利回り」を知っていれば、家賃を高めに設定したり、毎月のローンの支払額を低めに抑えたりして、自分に入るキャッシュを多めにする調整ができるということですね。

私は物件を選ぶときに、**まず利回りを見て、築年数を見てから場所を確認する、**という順番でした。

物件選びで重視したこと②
築年数と場所

利回りの次にチェックしたのが築年数と場所。

不動産のプロでなければ、いい物件を探すのは難しいかもしれませんが、一つ言えるのは、**「もし、自分が住むなら」という視点で見るのが大切**だということです。

自分が一人で住むのなら、この部屋に住みたいと思うか。

自分が住みたいと思う物件なら、ほかの人も住みたいと感じるでしょう。反対に、「自分なら住まないな」と感じる物件に、入居する人がいるとは思えません。

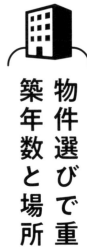

利回りも大事ですが、物件もちゃんと評価したうえで選ぶのがリスクを避ける一つのポイントです（飛びついた私が言うのも何ですが）。

すでに入居者がいたら難しいかもしれませんが、現地に足を運び、気になる部屋や外観、道路、近隣の状況を確認しましょう。

私が買った当時、物件は築12年です。それぐらいが古すぎず、新しすぎず、不動産としては適正価格で買える物件かな、と思います。

中古もあまりにも古すぎると修繕費がかかる可能性があるので、物件を探すときも15年までと自分のなかで決めていました。それ以上になると水廻りが気になったり、リノベーションしても外観がもつのかなとか、いろいろ気になるところが出てきます。

また、1981年以降に建てられた物件は新しい耐震基準に基づいていますが、それ以前の物件は耐震性はあまり高くないかもしれません。

とはいえ、2015年に横浜でマンションが傾いた事件で不正が発覚しましたし、欠陥マンションで住民が争っているケースも多いので、新しいマンションなら必ずしも安全とは言えないのも悩ましいところです。

次に場所ですが、私が選んだ物件は、駅から徒歩4分というアクセスのいいところでした。駅に近すぎると人通りが激しい分、うるさくなりますし、線路が近いと電車の振動が伝わってきます。近すぎず、遠すぎずの距離がちょうどいいと思います。

電車の便があまりよくない地域なら、駅に近くても駐車場があったほうがいいかもしれません。東京の23区や大阪は電車の本数が多いので車がなくても生活できますが、20～30分に1本しかないような地域だと、車が不可欠です。

コンビニやスーパーが近くにあるかどうかは、基本のチェックポイント。

ファミリータイプの物件なら学校が近くにあるほうがいいでしょうが、一人暮らし用の物件で選ぶなら学校に近くないところを選びます。私はチャイムの音や学内放送の音が苦手で（笑）。なかには生活時間が不規則な方もいるでしょうから、昼間寝たい人にとっては、学校から聞こえてくるチャイムなどの音はツラいものがあります。家ではなるべく静かにオンオフ切り替えたいですよね。

私が選んだ物件は、大きな道路からちょっと離れた場所にあり、周りにはマンションが建ち並んでいます。それなりに人が行きかうので女性が駅から行き来するのに安心できます。好条件だったなと今では思います。

図04 私が見た投資用マンション

投資用マンション❶

14階建て5階部分
物件価格　1530万円
交通　新大阪駅徒歩6分、○○駅徒歩8分
専有面積　26.55平米
間取り1K
築年数　12年
賃料　67100円
表面利回り　5.26%

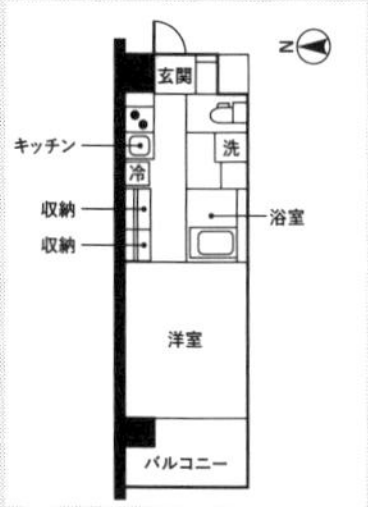

新幹線に乗るには便利だけど、周りに買い物できるところがなさそうで、住むにはどうなんだろう……

投資用マンション❷

11階建て4階部分
物件価格　1400万円
交通　千日前線、△△線○○駅徒歩4分
専有面積　23.03平米
間取り　1K
築年数　14年
賃料　65000円
表面利回り　5.53%

地下鉄の駅近でアクセスも良く、バス・トイレが別で、キッチンとリビングの間に扉があるのが◎

投資用マンション❸

9階建て6階部分
物件価格　1260万円
交通　谷町線、△△線○○駅徒歩6分、大阪線、△△線○○駅徒歩6分
専有面積　25.16平米
間取り　1K
築年数　14年
賃料　63000円
表面利回り　6.0%

両隣りのマンションと接近しすぎていたり、部屋の中にキッチンがあるのがイマイチ

123ページにマイソク（物件情報の図面資料）の見方をまとめています。
もし自分が住むならという目線でその物件のプラスポイントとマイナスポイントを見極めましょう。

知っておきたい、不動産投資のリスク

どんな投資にもリスクはつきものです。

私は、もし入居者がいなくなったり、その物件を売りたくても売れなかったりしたら、自分で使おうと思って大阪の物件を決めました。

大阪の仕事も多いのですが、ホテルはいつも観光客でいっぱいで、部屋をなかなか取れないこともあります。それに、実家のある広島にも近いので、拠点の一つにできるなと判断しました。

不動産投資には、主に次のようなリスクがあります。

「こんなにリスクがあるの？」と思うかもしれませんが、あらかじめ知っておけば対処はできるので、安心してくださいね。

①　空室リスク

入居者がいなくなったら家賃収入はゼロになります。これを防ぐには、空室になったら家賃保証をしてくれる管理会社を選ぶのが安全策でしょう。家賃を全額ではなくても、80〜90％台を保証してもらえるサービスがあります。

②　家賃滞納リスク

入居者が何らかの理由で家賃を払わないというケースです。家賃を催促したり、それでも払ってもらえなかったら連帯保証人に連絡したりするなどの対処をとらなければなりません。

この対処は管理会社に任せられますし、滞納時の家賃を保証してくれるサービスを利用すれば、家賃収入がゼロになるのを防げます。

③　修繕リスク

設備の修理や、リフォーム代で思っていた以上に出費がかさむ場合もあります。事前にそれを想定して、ある程度余裕をもってお金を貯めておくのがいいかもしれません。賃料収入の3％を、修繕用に積み立てておくという話もあります。契約前に修繕履歴を確認することもお忘れなく。

また、きちんとリフォームをすれば中古の物件でも家賃を高めに設定できるので、プラスに働くこともあるようです。

④　金利上昇リスク

ローンの金利が上がり、支払いの総額が上がってしまうリスクです。

日本はずっと低金利が続いているので、上がるとしてもそれほどダメージは受けないかもしれませんが、何が起きるかは分かりません。

これを防ぐには、

・変動金利ではなく固定金利を選ぶ（78ページ参照）
・繰上返済をする

などの方法があります。

⑤　値下がりリスク

不動産は、基本的に年数とともに資産価値は減っていきます。物件が古くなると家賃も安く設定しないと人が入りませんし、物件を売るときも買ったときより値段が安くなっている可能性もあります。

ただ、物件によっては中古でも人気が高いので、立地がよくてきちんと管理してある物件を選べば、それほど大きく値下がりしないで済むかも。その地域で開発が進むと、逆に値上がりすることもあります。

将来、開発計画がないか調べてから買うのもリスクを抑える方法の一つです。

⑥　災害リスク

地震や火災、台風などで物件が被害にあうリスクです。これは保険に入っておくか、地盤が強い地域や近くに川や海のない物件を選べばリスクを減らせます。坂の下にある物件も、大雨が降ったときに大量の水が流れてくることを考えると、リスクが高いかもしれません。

２０１９年に水害が多かったことをきっかけに、浸水被害の災害マップなどが行政から公開されているので、それも参考にするといいと思います。

不動産投資は、今回のコロナショックのように株価が下がっても、家賃は下がらないので安定した収入を得られます。

ただし、それは入居者さんがいて、家賃を払い続けてくれるという前提の話。空室が続いたら家賃収入はゼロになり、ローンは完全に持ち出しになります。何とか物件が売れたとしても、買ったときよりも安かったらローンの残債がかなり残り、その返済をずっと続けなくてはならなくなります。だからこそ、空室にならないような物件を探すのが大事なのです。

それに、入居者さんの生活が苦しくなって「家賃を払えません」となるかもしれません。しばらく待つぐらいならいいですが、どうしても払えなくて退去することになったら空室になります。

不動産が安定資産と言われるわけ

不動産は一度手に入れたら、なくならない資産です。

私が不動産投資に踏み切った理由の一つが、「子どもに資産を残せるから」です。

今はまだ子どもはいないのですが、結婚する前後から、子どもの将来のことを考えるようになりました。

不動産投資はローンを払い終わった時点で、その不動産は自分の資産になります。

そのままずっと人に貸していてもいいですが、子どもに譲ることもできます。

また、ローンを組むときに「団体信用生命保険」(団信)に入ります。

「不動産投資は生命保険代わりになる」と言われているのですが、それはこの団信に入るから。

団信に入ると、ローンの返済期間中にローン契約者が死亡したり、高度障害状態に陥ってしまった場合、残りのローンを保険金により返済できます。保険会社が、銀行に残りのローンを払ってくれるのです。

団信はいろいろな種類があり、ケガや病気で長期間働けなくなった場合の特約をつけられるものもあります。例えば、がんや脳梗塞・急性心筋梗塞を対象とした3大疾病特約もあれば、高血圧性の疾患や糖尿病などをカバーする商品もあります。

基本的に、団信に払う保険料はローンの金利に組み込まれるので、金利が0・2〜0・3%ほどアップします。それで安心を得られるのなら、私だったら団信に入ります。

団信で保障される分、現在加入している生命保険や必要保証額を見直すことで、月々の保険料を節約できる可能性があるので、チェックしてみてください。

不動産投資は長期にわたるので、「もしも」のことを考えて備えておくのが安全策です。自分にも家族にも心強い備えになるでしょう。

図05 団信特約について（2000万円のローンを組んだ場合）

	通常団信投資用ローン	がん団信投資用ローン
期間	35 年	35 年
ローン	2000 万円	2000 万円
金利上乗せ	金利負担なし	0.1~0.3%
金利	1.9%	2.0~2.2%
金利種類	変動	固定
総返済額	約 2750 万円	約 2790 万 ~2880 万円
月々の返済額	約 65000 円	約 66000~68500 円

※ご利用の金融機関によって条件が変わります。

memo

「特約」をつけると金利が上がり、月々の返済額も変わります。
今入っている保険とどちらがお得か比較してみて。

不動産も出口戦略が大事

不動産投資に大切なのは、出口戦略です。**始める前から出口戦略を立てておいたほうがいい**と言われています。

将来、自分が仕事を休んで育児に入ったとしても生活できるよう、月々いくらかの家賃収入がコンスタントに入ってくる状況になれば心強いですし、株と同じように、いい時期に売ることも考えています。

物件のある地域は今後も発展しそうなので、価格が上がったら売って、ほかの物件を買ってもいいかもしれません。

老後はどう暮らしたいのかも出口戦略の大切なポイント。

年金と合わせてどれぐらいの家賃収入があればいいとか、物件が一つだけでは心もとないなら、2つか3つは物件を買っておこう、とか。

そこから逆算すれば、「いつまでにローンを払い終えよう」「ここまでに物件を買っておこう」「そのためにお金をいくら貯めておこう」と資金計画を立てられます。

老後を不安に感じるのは、備えが何もないから。

「定年後も月○万円の家賃収入がある」という目安があれば、不安は小さくなりますよね。

何も計画を立てずに、ただ節約してお金を貯めるだけじゃ、今の人生を楽しめなくなります。

「海外旅行したいけれど、老後のことを考えたら、お金は使わないほうがいいかな」なんてしたいことを我慢したら、いろんなチャンスを失います。老後のためだけに、今働いているわけじゃないはずです。

不動産投資で備えを持っておけば、今したいことをあきらめずに済むでしょう。それも出口戦略を描いているうちに見えてくるんじゃないかな、と思います。

不動産を買うまでの流れ

不動産投資の
ポイントを踏まえ、
契約の流れを
チェック！

① 相談　不動産会社

メリットやリスク、ローンが組めるか相談。勤め先、勤続年数、資産の金額、ローンの有無、カードの支払いの滞納がないかなどを聞かれる

⬇

② 物件選び　不動産会社

自分の条件を伝え、物件を絞り込む

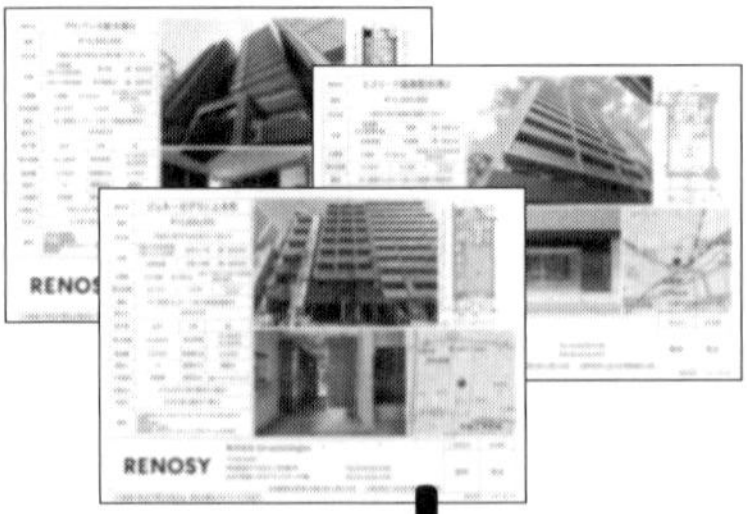
RENOSY
RENOSY

［コストのチェック］
物件価格以外にかかるコストを計算し、実質利回りもチェック。
- 固定資産税＋都市計画税
- 不動産取得税
- 管理委託費
- 物件の管理費
- 修繕積立金
- 設備の修繕費
- 地震保険、火災保険

➔くわしくは125ページへ

⬇

③ 事前審査申し込み　不動産会社

投資用ローンの事前審査を申し込みます

［用意するもの］
- 本人確認書類（運転免許証、パスポートなど）
- 健康保険証
- 源泉徴収票3年分のコピー

⬇

④ 買い付け申し込み 不動産会社

正式な投資用ローンに申し込みます

［ローン契約時に必要なもの］
※利用する金融機関によって必要な書類や枚数が異なります。

- 住民票
- 課税証明書
- 納税証明書「その1」「その2」
- 健康保険証
- 返済予定表（借入がある場合）
- 健康診断書
- 印鑑証明書
- 確定申告書類（申告している方）
- 運転免許証またはパスポート
- 源泉徴収票
- 賃貸借契約書（賃貸中の物件をお持ちの場合）
- 実印、銀行届出印

⑤ 売買契約 不動産会社

売買する物件や契約内容をしっかり確認！　その際、「重要事項説明書」で、物件に関する重要な情報を事前にしっかりチェックしましょう。手付金も払います

「重要事項説明書」は宅地建物取引士が説明を行ないます。実際の物件と違いがないか、事前に自分の足で物件や近隣の状況を見ておくことが大事！

⑥ 銀行の審査 銀行

銀行や役所などが営業している時間帯に行なうため、場合によっては仕事を休んで

約2週間後

⑦ 引き渡し完了！ 電話

これではれて不動産オーナーになります！

Column

分からないより知ることが大事！ 金利×返済方法で支払い額が変わる

ローンを組むとき、自分に合った金利と返済方法を選ぶことになります。金利が少しでも上がれば、返済金額は増えてしまいます。

注意しなくてはならないのは、ローンはどう転んでも銀行が損しないようにできているということ。そのなかで、いかに銀行と共存共栄を図るかが大切です。

ローンの話はかなり複雑になりますが、マイホームや車などの大きな買い物をするときには必要になるので、知っておくと将来役に立つかもしれません。

①金利の種類……固定金利か変動金利か

金利は主に「固定金利」と「変動金利」の2つがあります。

●固定金利

金利の額が一定で、毎月の返済額が変わりません。固定金利は、返済している間はずっと返済額が変わらないものもありますが、期間が5年間、10年間、20年間など決められているものもあります。後者は決められた期間以降は固定か変動かを見直し、その際に金利が上がる場合もあるようです。

● **変動金利**

そのときの景気によって金利の額が変わります。半年ごとに見直されるので、借りたら半年後に返済額が上がってしまった、ということもあり得ます。家賃よりもローンの支払い額のほうが上回ってしまう可能性もあるでしょう。

ただし、際限なく金利が上昇しないよう、元の返済額の125％を超えないように設定されます。

②返済の方法……「元利《がんり》均等返済方式」か「元金《がんきん》均等返済方式」か

ローンは銀行から借りた元のお金「元金」と、銀行の利益となる「利息」に分かれています。元金は返すもので、利息は支払うもの、と考えると分かりやすいと思います。

ここで知っておきたいのは、元金を返さない限り、利息は減らないということ。元金を多めにして返済していれば利息はどんどん減っていきますが、毎月少しずつ返済している限り、利息はなかなか減りません。その点を考えたうえで、どちらにするかを決めたほうがいいでしょう。

● **元利均等返済方式**

毎月の返済額を一定にする返済方法。元金と利息の合計金額を毎月一定にするのが、元利均等返済方式です。

ただし、この方法は最初は元金の返済額が少なくて徐々に増えていくため、元金の減りが遅くなります。その分、利息で支払う額が多くなり、もう一つの方法よりも合計の支払い額が高くなるという点は気を付けたいところです。

●**元金均等返済方式**

元金を毎月一定額返す方法。

この場合、元金を元利均等返済方式よりも高めに設定しなくてはなりません。利息ももちろん払いますが、利息の額は元金を多く返済すると、その分減っていきます。

つまり、この方法を選ぶと最初のころは支払い額が高くなりますが、年を追うごとに利息の分が減って返済が楽になるのです。

現在、不動産投資をしている多くの人は変動金利と元利均等返済方式を選んでいるようです。固定金利の場合、金利が高くなりがちで、銀行にとってもリスクになるため、あまり選ばれません。日本はずっと低金利ですし、変動金利は金利が安い分、手元に入るキャッシュを多く残せます。また、元利均等返済方式を選んでおけば、金利が上がっても毎月の返済額は変わりません。

ただし、途中で物件を売りたくなったときは、銀行に対して残りのローンを一括返済する必要があります。さらに、それに対して一括返済手数料がかかります。一括手数料は借りてからの経過年数や金融機関によって変わります。いずれにせよ、返すのにも手数料がかかるので、すべての手数料を差し引いても利益が残るかを考えて売却を考えましょう。

何を選ぶかは、出口戦略（74ページ参照）の描き方で決めたほうがいいと思います。

図06 金利と返済方法

変動金利

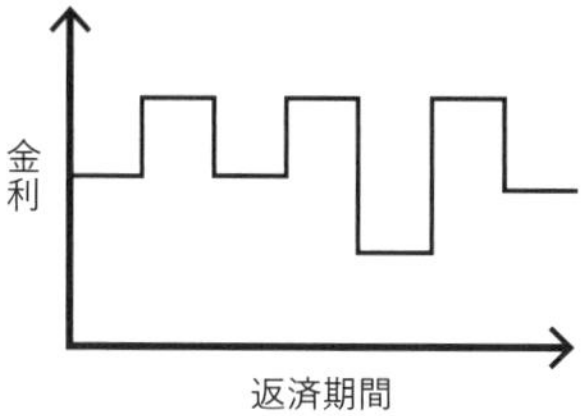

- 金利が低い
- 金利が上がると返済額が増える

固定金利

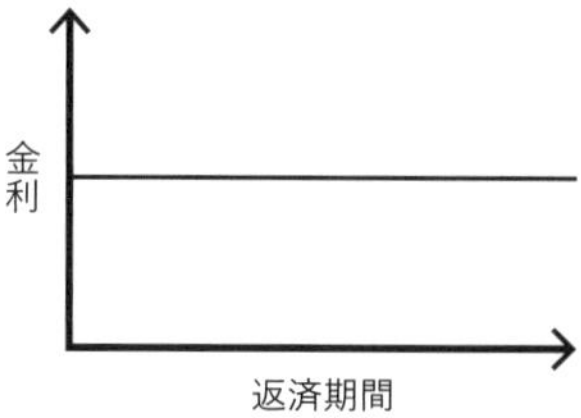

- 景気に左右されず、支払いの計画を立てやすい
- 利息が変動金利より高め。金利が下がっても返済額は減らない

元金均等返済方式

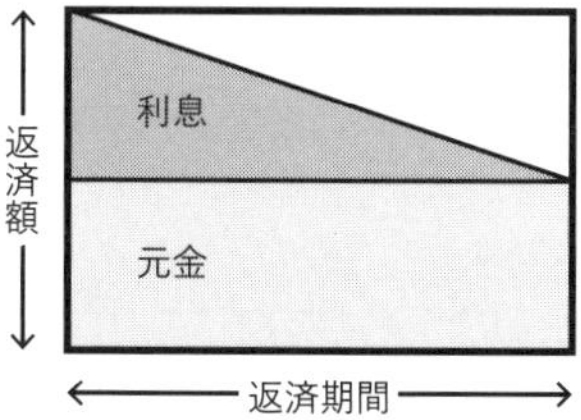

- 元利均等返済より総返済額は少ない
- 最初の返済額が高い

元利均等返済方式

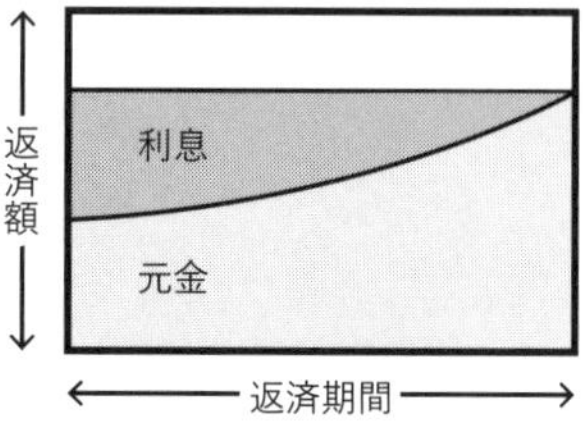

- 毎月の返済額が固定
- 元金の減りが遅く、総返済額は多い

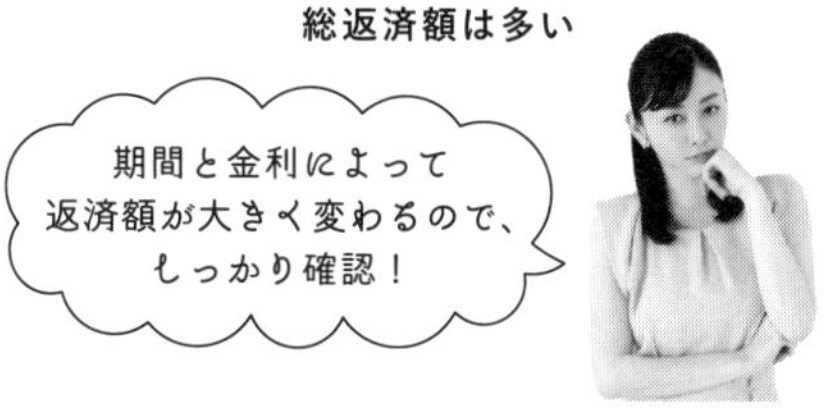

Chapter
03

不動産投資で失敗しないために

お散歩しながら物件サーチ

愛犬・きなこと一緒にお散歩をしながら、「この物件って空きが結構多いんだな。家賃はいくらだろ」と思ったり、「この物件は玄関をフルリフォームしたんだ。次の修繕は当分先になりそうだな」と、家の近所の物件を観察するようになりました。

自分で家賃を払っているので、その周辺の相場なら大体分かります。

「このマンションの角があいたら、狙い目かも。今度、不動産屋さんに聞いてみよう」なんて、すっかり投資家目線で見ています。

物件をネットでリサーチするのも楽しくて、しょっちゅう不動産のサイトを見て、「この物件は利回りがいいな」と、投資したらどうなるかをシミュレーションしています。

郵便ポストに入っている不動産のチラシもよく見るようになりました。新築マンシヨンは同じ地域に同じ時期に建つことが多いので、「このエリアはこれぐらいの値段なんだ」「こっちの会社の物件のほうがよさそう」と比較するのが楽しいのです。

あれこれ見て検討して買い物をするのは、女性の得意技です！

実は、私が二軒目に買いたいと思った物件は、以前、私が一人暮らししていた物件です。たまたまその物件が売りに出ているのを見て、その物件なら間取りも知っていますし、周辺の環境も分かるので、「ここなら入居者が途切れることはないな」と思いました。

残念ながら、あっという間に売れてしまったので買い逃したのですが、次に出たら買うつもりです。**過去に自分の住んでいた物件を調べてみるのも、いいかもしれませんね。**

投資物件も分散投資！

株投資では、複数の銘柄を持つことでリスクを分散させるのがセオリーです。不動産投資でも、これからいくつか所有してみたいと考えています。その際に、同じワンルームでも、差別化を図って買わないと共倒れになる可能性があります。

そこで、ほかの物件選びの基準にしているのは、エリアを分散させることと、住人の層を分散させること。

大阪でも別の地域で選ぶとか、今持っている物件は単身のビジネスマン向けなので、次は学生が中心に住む物件もいいな、と見ています。

この選び方は株の銘柄を買うときのセクター（グループ）分けで身につきました。

例えば、新興系のゲームセクターは若者、化粧品セクターは女性や中国人観光客、不動産セクターは投資家、という感じで投資する企業のお客さんの年齢や性別、ジャンルを分けて投資しています。

そうすることで、例えば何かがあって化粧品セクターの株価が下がっても、不動産セクターは安定していれば、全体としての損する幅は小さくできます。

不動産投資も天災や修繕など想定外のことが起きるので、分散は大事だなと思います。

地域ごとの特性を見極め、穴場を探す

地方都市でもなく、観光客もほとんど来ない地方は、不動産投資には不向きなように感じるかもしれません。

けれども、私の実家のある広島の福山市は、駅前に3つぐらい新しく建設中の高層マンションがあります。しかも、どのマンションもソールドアウト。

どういう人が買っているのか興味がわいて、不動産会社の方に聞いたら、高齢者が自宅を引き払ってマンションに移り住もうとしているのだそうです。やはり、一戸建てだと古くなったら建て替えをしなければなりませんし、買い物をするのにも駅から遠いと車で移動しなければならないので、高齢になったらつらくなるのでしょう。

駅前のアーケード街は過疎化が進み、イトーヨーカドーも撤退してしまっていますが、これだけマンションが建ったら、また住人向けにお店が次々とできて賑わいを取り戻すかもしれません。

だから、地方でも高齢者が駅から遠くに住んでいる地域は、これから駅前が開発される可能性があります。そういう地域に目を付けて、マンションの建設の計画があったらすかさず購入できるように準備をしておくと、いい物件を手に入れられるかも、と思います。

私は、**「誰も住まない地域なんかない。地域ごとに特性があるから、そこをしっかり調べれば逆に穴場だよ」**と不動産に詳しい方に教わりました。

「ここのイオンの近くのマンションだけは人がひっきりなしに集まる」「一度入居したら6年間は住む」といった特性は、その地域に住んでいる人しか分からなかったりします。

自分の知っている地域で投資できるような不動産を探してみるのが、一番手堅い投資ではないでしょうか。

京都も気になる街です。京都は景観を損なわないようにするために建築のルールが厳しいので、あまり新築のマンションを建てられないという話を地元の不動産会社の方から聞きました。マンションの絶対数が少ないので、空室がほとんどないのだとか。

私が仕事でお世話になった京都の不動産会社は、オーナー（大家さん）向けの特典がありました。それは、オーナーになると京都に旅行に行ったときなどに家族で泊まれる場所を無料で貸してもらえるという特典です。一人暮らし用のきれいなマンションを何部屋か確保していて、そこに泊まれるようになっていました。

株投資の株主優待みたいでいいなと思いました。

タワマンは怖い

自分が住むなら断然、低層マンションです。

以前、タワーマンションに賃貸で住んでいたこともあるのですが、個人的にはもう二度と住みたくない！です。

エレベーターで上がっていくと耳鳴りがするし、窓の外の景色を見ていても、地面が全然見えないと不安に……。タワーマンションに住んでいたからかどうかは分かりませんが、そのころは情緒不安定になっていました。

そのマンションでボヤ騒ぎがあって、エレベーターが止まってしまったことがありました。23階に住んでいたので、階段を上り下りするのは体育会系の部活の合宿みたいで地獄でした（涙）。

普段も、コンビニまで買い物に行くにしても、エレベーターが来るのを待っているだけで時間がかかるので、外に出るのが億劫になります。

ですので、入居者に長く住んでもらえるような気がしません。

それと、タワーマンションの修繕費は億単位になると聞きました。

私が住んでいた部屋も、台風の影響で出窓が壊れてしまいました。高層階なので普通の窓のように全開できるタイプではなく、少しだけ開くタイプだったのですが、それが閉まらなくなってしまったのです。

管理会社の方が見に来て見積もりを出したら、ものすごい金額になったそうです。23階だとクレーンを使って外から窓をはめるしかないらしく、しかも下からのクレーンだけでは届かないので上からもクレーンを使って、作業の料金も通常の数十倍はかかります。

あまりにも大掛かりな修理なので半年ぐらい見積もりも出ず、私が退去するタイミングで直すことになりました。その部屋のオーナーだったら、家賃収入が吹き飛ぶぐらいの出費になるでしょう。

タワーマンションは、修繕などにかかるコストを考えると投資にはあまり向いてないと思います。

不動産投資は女性に向いている

私がいつもお願いしているヘアメイクさんは中古のアパートを一棟買って、その2階に住みながら大家さんをしています。「賃貸併用住宅」といわれるものです。

彼女が買ったのは44歳のとき。何かあったら返さなくていい団信付きの住宅ローンに入り、あえて繰り上げ返済せず、地道に月々返済する方法をとっているそう。急いで返済する必要はないと思えると気が楽ですよね。

賃貸併用住宅は、自分自身もそこに住み続ける物件なので、例えば将来、隣に高い建物が建ったり、うるさい人が引っ越してきたりなど、違うデメリットが伴いますが、賃貸に住み続けるのと同じ金額で広い部屋に住めるのはいいと話していました。

ただ一生住もうとは思わず、ゆくゆくは売ってお金にかえ、老人ホームに入るそうです（笑）。

彼女はとてもマメな性格で、不動産の管理を自分でしています。水廻りを直すのにも、いろんな工務店に足を運んで、どこが安くて腕がいいのかを確かめたうえでお願いしているそうです。

「部屋の空きが半年ぐらい続いたときはどうするの？」と聞いたら、水廻りを新しくしたり、部屋中をキレイにリフォームしたりして、その写真を不動産の検索サイトに公開すれば、大体入居者が見つかるんだと話していました。

女性で不動産投資をしている方の中には、部屋の壁紙やフローリングを替えるときに自分で業者さんを手配している方もいるようです。そういう話を聞くと、女性は楽しみながら不動産投資をしているな、と感じます。

10年後、20年後……のライフスタイルに合った投資

株式投資しかやっていないときに出演させていただいた不動産投資のイベントで、「株だけではなく、もっと安定して長期的にできる投資方法がこんな身近にあったんだ」ということを知りました。

私は株で得た利益で、ソフト補正下着のビジネスを立ち上げ、大手通販専門チャンネルで販売しています。そこでは自ら登場し、商品の説明を行ないます。

商品をプロデュースしている方々のなかには60代の方も多く、体調が悪くなって代理の方が商品説明されているのを見て、いつか自分もやりたくてもやれない状況に陥るかもしれないと不安になりました。

きっとまだ先の仕事はあるんだろうなと思って楽観視はしていますが、それでも不安材料はどこかであります。

あと20年経つと、私も60歳近くになります。そのときは、株のように朝起きて調べものをして、株価を見てっていうあくせくした生活ではなく、子どもの頃近所に住んでいた大家さん夫婦のように、**不労所得を得ながら、のんびりした老後が過ごせる**といいなと思います。

10年後、20年後……この先、不動産投資は安定剤としてなくてはならないものになると思います。自分が動ける間は株をアクティブに動かし、補正下着の年間売り上げで10億円を目指したいなと思います!

Chapter
04

不動産投資の不安やローンの疑問について教えて！

ワンルームや1Kのような単身者向けのマンションを選択したことが自分にとって本当に正解だったのか、本当は区分所有ではなく、アパートでもいいから一棟買いしたほうがよかったのか、ローンを組んだほうが投資効率もよかったんじゃないか……まだまだ疑問や迷いがあります。

そこで、不動産投資でお世話になったGAテクノロジーズの営業部長のクック・ジュリアン・聖也《せいや》さんにあれこれ聞きました！

正社員以外でもローンは組める

杉原　お久しぶりです。クックさんとは何度もセミナーでご一緒させていただきましたよね。

クック　その節はありがとうございました。

杉原　不動産も購入させていただいたのですが、ローンを組まなかったことが最大の失敗だと思っていて、今日は細かくお聞きできればと思い、やってきました。
　では早速、この本の読者のメインターゲットは女性なんですけど、働いている方もいれば、専業主婦の方も、シングルマザーの方もいると思うんです。そういう方がローンを組もうとすると、どうなるんですか？

クック　ローンを組むとなると、やはり一番問われるのはお勤め先です。一般的に銀行が一番評価するのは上場企業の大手企業にお勤めの方や公務員の方。そういう方は、フルローン（頭金なしのローン）で積極的に融資を受けられます。弊社のお客さまでも一番多いのは、やはり給与所得者と言われているサラリーマンの方です。

杉原　そうですか。

クック　ですので、杉原さんのような個人事業主の方とか、そういった方はやはりどうしても全額の融資というのは難しくなります。

杉原　派遣社員やフリーランスの方が買うとなると、かなりハードルは高くなりますか？

クック そうですね。どうしても頭金が一定額以上必要になってきたりはしますね。

杉原 逆に頭金さえあれば貸してもらえるものですか。

クック **頭金と確定申告の数字の推移が安定していれば、融資は無理ではありません。**

杉原 数字の安定っていうのは？

クック 一般的には順当にお給料が右肩上がりで推移をしていることです。ただ、これもすべてにおいてではなく、その人の条件によってだいぶ変わってきます。一概にこれだったら○、これだったら×ということではありません。銀行によっても違います。

杉原 ここの銀行は派遣の人にも優しい、とかありますか？

クック 多少そういうのもあります。そのときの金利によって変わってきたりとかも。融資可能額もこの銀行だとご年収の倍から8倍までで、また別の銀行だと10倍まで貸しますとか、違ってきます。

杉原 やっぱり大手の銀行よりも地方銀行や、小さな銀行のほうが借りやすいんですか？

クック　そうですね。そもそも投資用ローンと言われてるものに関しては、メガバンクとか都市銀行自体があまり融資をしていないんです。例えばオリックス銀行とか保証会社のジャックスとか、あとは地銀ですね。そういったところは積極的に融資をしています。

杉原　大企業の社員とかでなければ、頭金はどれぐらい出せば融資してもらえそうですか？

クック　物件価格の20％を頭金としてご用意いただければ可能性は高くなります。逆に、大手企業にお勤めであれば、入社2年目とか3年目の若い方でも融資を組むことができます。最近も入社2年目の20代の方でご成約いただいた例があります。

杉原　すごいなあ。その年で不動産を買うなんて。

クック　その方は金融系の仕事に就《つ》いていて、運用や投資に携わっているので、不動産に関してはまったく知見がないっていうわけではない方でした。

杉原　どのくらいの金額を買われたんですか？

クック　それは２２００万円ぐらいで、手付金は10万円だけです。今は銀行によっては諸経費もローンに上乗せできるんです。最近は手付金もクレジット決済できるので、実質現金の支払いはほぼ0でスタートすることもできます。

杉原 へー、そうなんですか。それなら始めやすいですよね。今まで担当された方のなかで、フリーランスとか派遣さんとかはいらっしゃいましたか。

クック そうですね。フリーランスの方でも頭金をご用意いただいて、ご購入された方はいらっしゃいます。また、ほかに既婚者の方で、旦那さまと二人の共同で融資を受けた方もいらっしゃいました。

杉原 独身の方は？

クック 独身の方でご両親からの援助金を利用された方もいらっしゃいました。

杉原 親に頼らないような、自立した女性の方は？

クック 2000万円ぐらいの物件だったら、頭金を3割ぐらい、約600万円弱入れていただいて。比較的女性のほうが男性に比べると貯蓄額は高い傾向があります。

杉原 1500万円ぐらいの物件とかにすれば、もっと頭金も低くなる。

クック 例えば、弊社で扱ってる東京の物件だと2200万円前後の価格帯が平均です。単身者向け住戸で20平米から25平米ぐらいの物件だと、どうしても東京だと少し価格が上がってしまう。それを大阪とかに変えていただくと１３００万〜１４００万円前後ぐらい。名古屋の物件も一部やってるんですけど、大阪と名古屋はほとんど同じ価格帯です。

杉原　例えば正社員の女性の方でも40代、50代ぐらいになると融資が受けづらくなったりしますか。

クック　ご年齢によって融資を組みづらくなるというよりは、ローンの年数が少し短くなりますね。もともと、80歳での完済からのご年齢を差し引いて最長35年ローンなので。45歳を越えると35年ローンを組めなくなるので、46歳で34年ローンと、1年ずつ短くなってきます。最近は、84歳まで延ばして、最長45年ローンもあります。

杉原　84歳まで絶対働いてないです（笑）。

マンションの投資シミュレーション

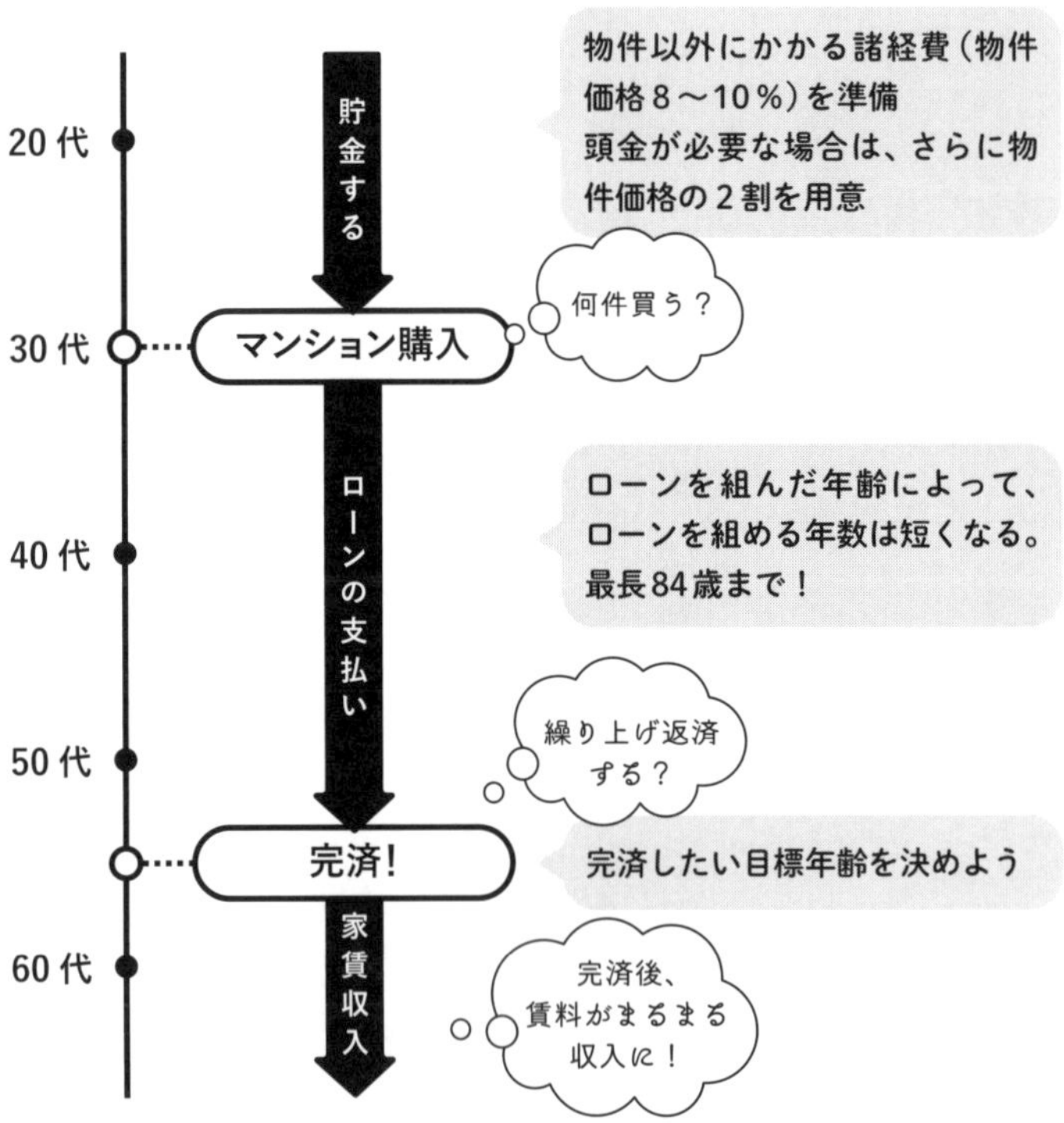
20代
30代
40代
50代
60代
貯金する
マンション購入
ローンの支払い
完済！
家賃収入
物件以外にかかる諸経費（物件価格8～10％）を準備
頭金が必要な場合は、さらに物件価格の2割を用意
何件買う？
ローンを組んだ年齢によって、ローンを組める年数は短くなる。最長84歳まで！
繰り上げ返済する？
完済したい目標年齢を決めよう
完済後、賃料がまるまる収入に！

投資を始める年齢や
そのときの状況によって、
融資金額やローンの支払い
期間がかわります。
将来の資産形成を考え、
コツコツ始めよう

不動産投資は「保険」や「年金」代わりになる

杉原　私は今回、一括払いで買ってしまったんですけど、その大阪の物件でローンを組むとしたらどれぐらいでできたんでしょうか？

クック　杉原さんの場合、おそらく頭金を物件価格の３割から半分いかないぐらいの金額を入れていただければ、銀行の審査も通るんじゃないかと思います。

仮にですが、物件価格が１４００万円、手付金で10万円を入れていただいて、残りは全額の融資を組んだとします。大体１・９％の利息で35年のフルローンを組んだ場合、今の入居者が払っている賃料は６万５０００円。そこからローンの支払いと物件の管理費、建物の管理費用と修繕の積立金を差し引くと、１万円弱ぐらいが手元に残るような計算になります【図07】。

これは大阪の物件なので利回りが高いんですが、東京だと利回りが下がるので、手元に残るのはほぼトントンになってきます。

杉原 それでも東京を選ぶ方がいるんですよね。価格が高いし、プラス利回りも低いのに東京がいいっていう。

クック そうですね。

杉原 それはなぜなんでしょう。

クック やはり安定性という観点だと、東京のほうが人口が多い。ボラティリティ（変動の激しさの率）を見ると都心のほうが安心だという要素が大きいです。

杉原 フルローンで組んだら毎月1万円ぐらいしか入ってこないってなると、投資でお金を増やすっていう観点からすると、ちょっと楽しみが少ないですね。

クック なので、**不動産は目先のお金もうけというより、長期的に見たほうがいい投資**です。

杉原 不動産投資をしている皆さんは、持ってる物件がちょっとでも高く売れたらいいなっていう出口戦略がメインなんですか。

クック それよりは、一番の目的は完済したあとの不労所得というイメージが多いです。**単身者向け住戸の一番の特徴は、上がりづらく下がりづらい**んです。価格も賃料も変動要素が少ない。買ってから20年後も30年後も、そこまで大幅な下落はしないので、年金の補《ほ》塡《てん》みたいな意味が大きいです。

図07 返済額で変わる収入額

物件価格　1400万円の場合

頭金420万円（物件価格の30％）を入れた場合（35年固定1.9％）	
賃料	65000円／月
管理費など	10000円／月
ローン返済	▲31963円／月
収入	23037円／月

毎月23037円が収入として入ってくる

フルローンの場合（35年固定1.9％）	
賃料	65000円／月
管理費など	10000円／月
ローン返済	▲45661円／月
収入	9339円／月

毎月9339円が収入として入ってくる

杉原 20年後、30年後の不労所得を目的として購入しても、その分時間が経つと修繕費とかが莫大に高くなってるんじゃないかなとか思うと、結局どうなんだろうっていう不安もやっぱりあったりします。

クック 修繕費用を考えても、タワーマンションやファミリータイプの物件に比べ、ワンルームや1LDKの物件は、修繕費用の上昇は緩やかです。ポートフォリオ（金融商品の組み合わせ）の中での一つの安定資産、実物資産という位置づけでしょうね。不動産投資は、その物件自体でバンバン収益を上げていきましょうというのは正直難しいんです。つまり、保険とか年金とか、守りの意味合いが強いと思います。

杉原 そうか。団信に入ると、まさに**「もしも」のときの保険**になるし。

クック あとは繰り上げ返済して、早めの完済を目指すということですね。例えば先程例にあげた杉原さんの物件で毎月5万円返済していくと、35年間で組んだローンが13年で完済します。そこからはコストを引いた手取りで年間60万円ぐらいの収入が発生します。

単純に毎年60万円の繰り上げ返済を13年ぐらいしていただくと、投入資金でいうと780万円ぐらいになる。780万円投入したものに対して完済後手取りで60万円ぐらい入ってくるということは、年利に換算すると5％強で回ってるイメージになります。

なのでほかの積立型の保険や投資信託に月4万、5万円払っている場合と比較すると、完済後の運用利回りは高くなります。単純に貯金しかしていないという人であれば、不動産投資で動かしたほうが眠らせている資金を回すことができます。

杉原 繰り上げて早く身軽になったほうがいいってことですね。

クック それも正直、目的次第なんですよ。保険効果が最大の目的の人にとっては、繰り上げしないでずっと持っていただくのがいいでしょうし。やはりケースバイケースで、一概に**これが絶対に正解っていうのは不動産投資にはない**と思っています。その人にとっての一番、目的に応じた持ち方を考えたほうがいいでしょう。

一口オーナーという方法もある

杉原 パートやアルバイトの方はやっぱり難しいんですか。

クック 正直、難易度は高いかもしれません。当社ではクラウドファンディング（https://www.renosy.com/funding）も用意してます。大きいリターンがあるものではないんですけど、ひと月1万円から運用できるので、そこで試してみるのはいかがでしょうか。

　イメージは一つの物件を100人で持ちましょうみたいな感じです。期間も3カ月とか半年間という短い期間で、一口1万円から最大100万円まで選択できます。

杉原 100万円投資したとしてどれぐらいリターンがあるんですか。

クック 利回りは今4～8％ぐらいです。100万円入れたら、3カ月後に101・5

万円で返ってくるので、銀行にただ預金しておくよりはいいという考え方ですね。

杉原 それはいいですね。みんなで持ってたら一人で持つよりちょっと安心かも。その物件のオーナーはGAさんってことなんですか？　100人分の名義になってるっていうことですか？

クック 名義は移さないです。弊社があくまでも所有するものです。ありがたいことに人気があるので、大体600倍ぐらい応募が来ていて、抽選になってます。

区分投資がいいか、一棟買いがいいか

杉原 そもそもなんですけども、不動産投資をするときって担保にする不動産とかを持ってなくても融資は受けられますか。

クック そこはもう物件の担保価値と与信（返済能力の信用度を審査すること）だけですね。逆に不動産をいっぱい持ってるから融資が組めるというのはあまりないです。一番はご年収と勤務先です。だから、逆に**資産が何もない方でも始められる**んです。

杉原 住宅ローンとかだと持ってる畑だったり、土地を担保にっていうのを結構よく聞くんですけど、それはあまりないんですか。

クック 投資の場合だと、あまりそこは見ないです。

杉原 銀行としては、そこで長く利息を払ってもらったほうがいいということですか。

クック そうですね。返済能力がずっと続くかというところを一番見るので。

杉原 すごい初歩的なことなんですけど、結局はローンを返していけなくなった時点で投資用に買った物件は差し押さえられる……。

クック おっしゃる通りです。その物件を担保に貸し付けるということです。

杉原 私はそれが正しいのかどうか分からないんですけど、区分でいろんな地域に持つほうが私は何となく合ってる気がして。でも、不動産投資をしているある知人は絶対に一棟買いだよっていう派なんですよ。

クック 利回りだけでいうと一棟のほうが高いので、その方がおっしゃっていることも分かります。ただ、一棟になってくると都心部とか好立地での購入が難しくなってくるんです。

杉原 どっかに買われちゃってる？

クック そうです。すでにファンドや業者が持っていたりするので、余程ご経験のある方でない限り一個人の投資家にまでいい情報は下りてきません。

杉原 そうなんですね。

クック さらに、ハイリスク、ハイリターンになりがちです。東京の真ん中とか大阪市内の都心部に個人で参入するのは難しいので、地方での購買になってしまうんです。一棟買いだと関東圏でも埼玉や千葉の奥のほうになるので、そうなるとリスク的要素が高くなるんですよね。人口の推移を見ても、結局、東京に一極集中で集まってきてるので。知識を相当深めてからやらないと、負債になってしまうリスク、貸せない売れないリスクが高くなります。

本業があって片手間で不動産をやるというより、専業で大家業をやるぐらいの気概でやるならばいいですけども。初心者だとハードルが高すぎて手も足も出ないと思います。

利回りは高くないけれど、下落リスクも低い一部屋単位の都心とか、大阪市内とか、そういった物件のほうが安定性は高いです。

単身者向けマンションへの不動産投資は景気に左右されにくい

杉原　GAさんは基本的にワンルームですよね。例えば今コロナの影響でリーマン・ショック級の景気の悪化がきてるじゃないですか。株価は下がってるけど、地価は今はまだリーマンのときみたいになってはないですか？

クック　現状は地価はそんなに落ちてはいないです。

杉原　じゃあ、地価が下がってリーマンのときみたいに不動産を買い漁《あさ》って高値になったときに売るみたいなことは、今回に限ってあんまりない？

クック　ファミリータイプだと、もしかすると下がる可能性はあるとは言われてますが、大幅に下がることは考えにくいです。特にワンルームはリーマンのときにも、大きな賃料下落はなかったと言われています。結局賃料が極端に変わることは考えにくいです。

杉原　変わることはない。

クック　ご自身でマンションを借りているとして、今これだけ株価が下がってるので、1Kのマンションの家賃を5000円下げます、1万円下げますという連絡が大家さんから来るかっていったら絶対来ないです。

杉原　確かに（笑）。普通に考えてもそれってないですよね。

クック　**単身者向け住戸は、景気によるしわ寄せが少ない**と言われてます。来るとしても最後の最後なんですよ。安定資産として中長期保有に向いていると言われるのは、変動不安が少ないからです。また、2〜3年とか5年単位のスパンでコロコロ買い替えてどんどん利益を出していくという投資にも不向きです。

杉原　私はもう売りたいって考えてるんですけど……。

クック　ご購入いただいたときが築12年ぐらいだったので、大体10年から15年ぐらいあとに売るという例が多いですね。そうすると損益分岐点（費用を収益でカバーできてそれ以降は利益が出る点）で残債より売却総額のほうが多額になって、手元に利益が残ります。

杉原　じゃあ、私の場合も10年持ったら売却っていう感じがいいんですか？

クック そうですね。買った値段より下がらずに売れるかどうかがある程度分かると思うので、一つの選択としてはあります。

杉原 やっぱり、築25年以上になると、修繕がすごいんじゃないかなとか、思ったりもして。30年経ったら家も建て替えっていうじゃないですか。

クック 今は耐用年数も延びてますし、リノベーションもスタンダードになってきてるので、だいぶ変わってきつつありますね。一番の変化は、金融機関のいわゆる評価年数というか、今までは築40年の物件ってローンはあまり組めなかったんです。買いたい人は現金で買ってくださいみたいな感じで。

日本って新築が流通全体の8割で、中古が2割という、先進国の中でもすごく特殊な国なんです。アメリカとかヨーロッパは逆で、中古が8割、新築2割という流通なんです。今はもう都内だと空き地がないので、既存の建物の再生とか再利用というのが国を挙げての課題でもあるんです。空き家問題が出てきたりしてるので、国としても中古の流通を活性化すべく、銀行への働きかけをしています。だから、築30年とか40年になってても部屋にリノベーションをかければ、そこからまた30年ローンを組めたりもするんです。

不動産会社で聞くべき3つのポイントは「立地」、「家賃」、「修繕」

杉原　これから投資を始める方って利回りは大体どれぐらいを目安にしたらいいんですか。

クック　私たちが扱っている物件で1Kと言われるものだと、表面利回りで4・5%前後ぐらい。実質利回りだと3・9%とか、それぐらいです。大阪だと表面利回りで5・5%前後ぐらいですね。

杉原　4・5%もあるんだ、東京で。東京の物件のほうが価格は高いけど、人口が多い分、入居者の数も多く、空室リスクが低いからですね。

クック　あとは、不動産の取引形態として仲介会社なのか、売主なのかという違いがあります。仲介というのは、売りたい人と買いたい人の間のお手伝いですね。仲介会社は仲介手数料をとります。

弊社の場合は売っている物件を買って、再販として販売してる売主です。価格に利益を乗せてるので、価格と利回りだけを見た場合は仲介会社より劣るんです。利回りが下がっちゃうんですね。ただ、その分管理の手数料や、煩《わずら》わしい業務、原状回復費用とか、その辺りを全部こっちが持ちますよという形でやってます。

杉原 読者の方が、GAさん以外の不動産会社と取引するのであれば、どういうことに気を付ければいいと思いますか。

クック 節税とかを前面に謳《うた》ってる会社ですかね。継続性がないんです、節税効果は。

杉原 早く売ってしまいたいがためのセールス文句ってことですか。

クック 必ずしもそうではないですが、そういう会社も多いですね。やはり目先の恩恵が節税って大きいので、販売してる側としては正直売りやすいっていうのがあります。諸経費と言われてるものも赤字計上できるので、最初はマイナスがトータルで100万円とか出たりするので、給与所得者の方でざっくりと年収1000万だとして税率が23%ぐらいの場合、100万円マイナスが出れば20万から30万ぐらいの還付金が入ってくるんです。それだけ聞くと結構おいしいです。ただ、それは2年目以降は続きません。トントンぐらいになるので、節税上のリスクをとって雑費計上（ほかの経費に当てはまらないコストを経費に組み入れること）しない限り、おすすめできません。

杉原　あとは、物件の勧め方が強引とか？

クック　それはあるかもしれないですね。内容を詳しく話さない会社とか、シミュレーションにリスク的要素を入れてないとか。空室とか、価格の下落、設備費用が入ってない年間の事業計画書を出したりする会社も結構多いです。

杉原　それじゃ、もし知りたかったら自分で調べるしかない……。

クック　ところが、不動産の情報ってネットでもほとんど見ることができないんです。不動産業界はこれまでデジタル化が遅れてきたこともあり、正確な取引実績とか取引事例とかってネットでほぼ出てないんです。出してるとすれば唯一、レインズ（REINS）という国が提供しているサイトがあるんですけど、不動産の免許を持ってる人しか見られないサイトなんです。ですので、一般の人がネットで物件を調べたとしても、このサイトでは2000万円と言っている物件を、違うサイトでは1500万円、また別のサイトは2500万円とかがある業界なんです。

杉原 不動産会社でこの3つだけ聞けばいいみたいな、そういうのがあるといいですけど。

クック それだと、やはり**立地、家賃、修繕**ですね。その駅から主要ターミナル駅までのアクセスと、あとは今の賃料とその収益。修繕に戸数とか階数とかが紐付いてくるので、大体1Kだとほぼこの3つが重要です。

一番は価格と賃料と場所のバランスなんです。見るべきポイントとしては**下落の可能性が低い物件**ということですね。例えば今の賃料が築30年、40年後の賃料との差が大きくないとか、あとは**修繕の積立額がしっかりしていて、月々の修繕費も大幅な上昇の見込みが少ない**とか。われわれとしては、エリアの入居率とかの情報は全部出してます。

杉原 そういうのも見せてもらったと思うんですけど、全然覚えてません（笑）。

クック 人口の推移とか、賃料の相場とか。周辺の相場の今後の動向とか、賃料の推移とか、そういったシミュレーションはエリアごとに出してます。

杉原 修繕費の平均額ってあるんですか。

クック 戸数とかによって変わってくるので一概には言えないんですけど。当社が扱っているものだと、戸数でいうと原則で一つの物件で20戸以上。戸数が少ないと一人頭の負担が単純に膨れ上がってしまうので。築10年ぐらいの物件だと、修繕費は月々4000円から1万円ぐらいまで。そこから10年経ったら変わる可能性はあります。

杉原 10年後に上がるかもしれない？

クック 10年おきとかに1回か2回ぐらい上がる可能性はあります。そういうのって全部大規模修繕の金額から逆算して積み立てられているんです。国土交通省がマンションの修繕積立金に関するガイドラインっていうのを出してるんですよ。1平米あたりの適正な単価みたいなのも出ています。

杉原 それを参考にするのもいいかもしれないですね。

クック 特に昔のマンションは最初はあからさまに安くしてたりして。修繕の積立金がまったく足りてないマンションって、築30年とかの物件で結構あったりするんです。そういうものは大規模修繕するのに今の貯金額じゃ足りないので、銀行から管理会社が大規模修繕のお金を借りて、そこから月々の金額を上げて返し

図08 マイソク（販売図面）のココをチェック

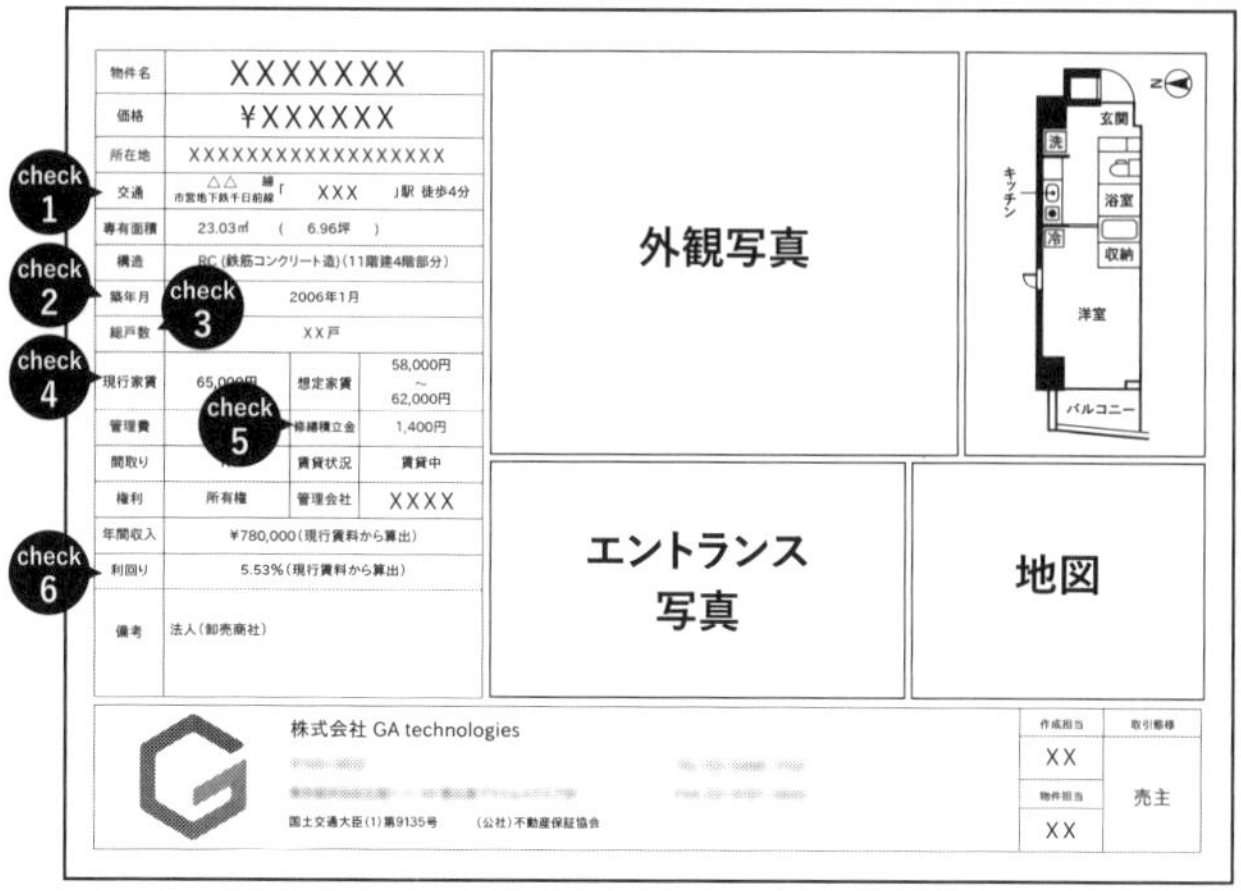

check 1 アクセス 主要ターミナル駅までアクセスしやすい立地か。

check 2 築年数 築35年までがベスト。それ以上だとローンが組めない、修繕積立費が大きくなるなどデメリットが。

check 3 戸数 20戸以上がおすすめ。少ないと修繕積立費が大きくなる。

check 4 家賃 相場と比較して、適正かどうか判断。

check 5 修繕積立金 安すぎると将来しわ寄せも……。修繕履歴や修繕の滞納がないかなども見せてもらいましょう。今後上がるかどうかの目安に。

check 6 利回り 全体のコストを確認し、実質利回りを計算しましょう。

ていくみたいなことをやったりはしてますね。

杉原 住んでる人たちの修繕費も上がっていく？

クック そうです。あと、日本で初めてできた埼玉県の川口にあるタワーマンションって、大規模修繕に12億円とかかかったそうですよ。まだ築50年のタワマンってないので、実際にはまだ分かんないですけど、今後とんでもない価格になったりすると言われてます。

杉原 えー。

クック 湾岸地域のタワーマンションで、免震装置って言われてる、マンションと土地の間にゴムみたいなものを挟んで地震の揺れを軽減する免震の耐震制度ってあるんですけど、そのゴムもいずれ交換が必要になる可能性があるんです。

杉原 そんなの換えられるの？　怖いな。

クック 1Kのマンションは造《つく》りってシンプルなんですよ。エレベーターも一つしかなかったりするし。部屋が小さくて戸数が多かったりするので、割る人数が多くて、修繕費が上がりはするものの上がり方は緩やかだったりします。

いくらお金が必要？ランニングコストを理解する

杉原　物件を買って1年ぐらい経ったころ、大阪から封筒が届き、開けると固定資産税の請求でした。頭からすっかり抜け落ちていて、届いたとき「大阪から来てるけど大阪って何だったっけ」と思いました（笑）。意外な出費でした。

クック　月々にもいろいろなお金がかかります。例えば、管理費と修繕費が建物管理会社から、ローンを組まれている方だと、ローンの引き落としがあります。弊社の場合だと毎月15日に家賃が振り込まれます。銀行は大体27日引き落としなので、毎月27日にローンの引き落としがあって、同じ日に建物の管理費と修繕費の引き落としがあります。そして、年四回固定資産税を支払わなければいけません。また、初年度だけ不動産取得税がかかります。

杉原　不動産取得税なんてありましたっけ？　いくら払ったのかも覚えていません。

クック 大体10万円前後ですね。固定資産税は5万円前後ぐらい払ったと思います。東京だと6万円前後ぐらいです。払ってなかったら催促の手紙が来ると思います。

杉原 そうですよね。督促とか来ますよね、きっと。じゃあ、払ってます（笑）。

クック 払っていただいてると思います（笑）。

杉原 あと確定申告するときに入れ忘れないようにしないと。

クック 収支の内訳書ですね。弊社ではセミナーをやっていたり、面倒な方は税理士さんに丸投げされています。

杉原 そうなんですね。

クック 弊社経由で税理士さんにお願いする場合は手数料を2万円頂いています。もちろん、個人でも申告できるので、セミナーに参加していただければ分かるようになります（無料）。あとアプリでもサポートしています。確定申告の時期に、プッシュ通知されませんでしたか？

杉原 そういえば来てました。会社員の方は会社がやってくれるんですよね。

クック いいえ、年末調整とは別なんです。住宅ローンであれば年末調整でまとめてで

図09 必要な初期費用は何がどれくらい？

物件	物件価格	物件の販売価格
	手付金	10万円。のちに売買代金に充当できる
	仲介手数料	物件価格×3%+6万円+消費税 （建物価格が400万以上の場合） ※不動産会社が売主の場合、仲介手数料はかからない
手数料	不動産登記費用	不動産を所有する際、所有者を明らかにするために所有権の「登記」をする。手続きを自分でやるのは複雑なので、司法書士に依頼することが一般的。登録免許税と司法書士報酬とあわせ数十万円ほど（取得する物件による）
	ローン事務手数料	金融機関によって異なる。5万〜10万円程度が一般的
税金	不動産取得税	不動産を取得した際にかかる税金。取得した不動産の価格（課税標準額）×3%。 ※購入後数カ月〜半年後に「納税通知書」が届く
	固定資産税および都市計画税	売主が1月1日付で支払っているため、残日数を日割りで計算して支払う
	印紙代	契約書に貼る印紙代。金額ごとに規定あり。1万〜3万円程度
保険料	団体信用生命保険料	ローン契約に含まれるところが多いため、別途費用はかからないことが多い
	ローン保証料	ローン手続きの保証料。一括支払いとローン金利上乗せの方法あり
	火災保険料	住宅ローン利用者は加入を義務付けられることが大半
管理	管理費	エントランスや廊下などの共用部分を使用・維持するために必要なお金のこと。通常は家賃の約3〜5%が毎月かかる
	修繕積立金	日常的な劣化の補修から外壁や屋上の改修・各種設備の更新費用に使われる

memo

確定申告で経費として申告できるもの

不動産投資は所得（収入金額から経費を引いたもの）が20万円以上あったら、毎年確定申告をする必要があります。税金、保険料、管理費、減価償却費（不動産は少しずつ古くなり価値が減少していきます。その減少分のこと。確定申告のサイトで算出できます）、修繕費ローン利子のほか、不動産業務に必要な消耗品（パソコンやデジカメなど）、図書研究費（書籍代）、交通費（物件調査や打ち合わせなど）も申請できるので、領収書をとっておこう。

きるんですけど、投資用ローンは簡単に言うと不動産の事業を営んでるっていう、個人事業主みたいなかたちになるのでご自身でやっていただくかたちになります。

杉原 そうか、そうか。自分で申告しないといけないんだ。

クック 不動産投資にかかる費用は基本的に経費にできます。先ほども言いましたが、**不動産投資を始めた年はいろいろと経費がかかって赤字になりやすいので、単発的ですが、節税効果になります。**

杉原 アプリで毎月の収支を確認できれば、確定申告も楽ですね。

心配性は不動産投資に向かない

杉原 女性が不動産投資をするときに注意したほうがいい点ってありますか。

クック 当然リスクはまったくないわけではないので、**ちゃんとそのリスクを認知して把握したうえで、やるやらないを判断してほしい**です。ふたを開けてみてこんなことはまったく想定していなかったとか、そういうのが一番よくないと思うので、リスクが発生したとしても自分で耐えうる想定はちゃんとできているのかということが一番大事かなと思います。やはり女性は攻めの投資をそんなにしない人のほうが割合としては多いと思うんですよ。

杉原 コツコツとやる方が多い。

クック 不動産も、もう本当にコツコツと積み上げていくものだと思うので、そういった意味だと向いてるのかなと思いますね。

杉原　「不動産投資をやる人でもこういう人は向いてないなあって思う人はどういう人ですか」って買うときに聞いたんですけど、「あまりに細かいことを気にされすぎる方」って言われて（笑）。例えばちょっと地震があったりとか、景気がちょっと悪くなったときに、大丈夫ですかってしきりに聞く人っていうのはあまり向いてないんじゃないかなって。

クック　そういった人は最終的に決断ができないかもしれません。もう投資をやるってことに踏み切れないっていう。不動産投資は保険や年金っていう見えない部分に対する投資なので、そこに対する不安が払拭できなくて、極度に心配性の人は難しいかもしれません。**持ったことを忘れるぐらいの人のほうが向いてると思います。**

杉原　大体皆さんどのくらいで買うと決断されるんですか？

クック　大体2回の面談でお申し込みいただくことが多いです。長くても3回目。1回目でメリットのご説明をさせていただいて、2回目でリスクの説明。そこで内容をちゃんとご理解いただければ物件をご提案させていただき、3回目で物件を手配します。早い人だと1、2週間で物件を購入するところまでいきます。

杉原 買うときに細かく聞いてくる人は、いいんですか。

クック ちゃんと知るというえでは大事です。ただ、地震が起きたときの備えとして、地震保険とか、鉄筋コンクリートの過去の倒壊事例とか、そういう数字は示せるんですけども、それ以上の極論を言われると、何もできないので。バランスの問題ですね。

不動産投資自体は、じつは難易度は低い商品で、めちゃくちゃシンプルなんですよ。難易度が高そうに見えるかもしれませんが、保険の積み立てとか、年金の積み立てとか、投資信託とか、そういったのと同じ土俵の商品だと思っています。

杉原 そう言われると、ハードルが下がります。

クック 世の中の賃貸物件の数だけ投資物件があるので、実はすごくなじみのあるものですし、単身者の数も増えてるので、そういう方の住みそうなワンルームは需要がまだまだ安定しているものかなと思ってます。

（2020年3月18日　都内にて）

対談を終えて……

実は、私は買った物件をもう売りたいと思っていました（笑）。株投資では、買って売って買って売ってを何度も繰り返して利益を小さく積み上げているので、ワンルームのような小さな物件も同じようにすぐに売って買ったほうが利ザヤを稼げるのかなと思っていたんです。

でも、ワンルームはすぐには値減りしないし、価格がグンと上がるものでもないと聞いて、高く売れるわけではないので、もうちょっと運用したほうがいいのかな、という考えに変わりました。株とは違って不動産は中長期的に見なければいけないんだと改めて勉強になりました。

ローンは私も頭金をある程度入れないと審査が通らないようです。派遣社員の方やフリーランス、パートやアルバイトの方の場合は、頭金を貯めてから始めてもいいんじゃないでしょうか。

今は**いろんな選択肢があるので、「私にはムリかな」とあきらめる必要は全然ない**と思います。

Chapter
05

わたしの
投資事情
公開

投資はなんでも試してみる

今こそ、投資のチャンスです

私は、投資は「まだカモ」とのバトルだと思っています。

カモと言っても、子ガモを連れて池で泳いでいるカモではありません。

「まだ上がるカモ」「まだ下がるカモ」のカモのことです。

どんな投資も、基本的には**「安いときに買って、高いときに売る」**のが利益を得るためのセオリーです。多くの投資家はそれを狙っています。

あらゆる投資の世界では人と逆を行くのが成功のコツです。

みんなが売っているときは買い、買っているときは売る。

聞くだけだと簡単そうに思えますが、実際にできる人は多くありません。これは、つい「まだ～カモ」と思ってしまい、売りどきや買いどきを逃してしまうからです。

それなら、コロナの影響で株価が下がって、不動産市場も元気がない現在はどうでしょうか。

私も含め、皆さんも大変な状況だと思います。そのなかで、ただ政府任せで景気回復を願っているだけでは不安な気持ちはなかなかなくならないと思います。このようなときだからこそ、気持ちを切り替えて、投資家として一つの大きなタイミングと考えて、**企業を応援するという意味でも投資脳を働かせてみてはどうでしょう。**

株の「底値」を経験するなんて、なかなかあることではありません。底値で買って、景気が回復してきて株価が上がり始めたときに売れば、天井で売らなくてもしっかりと利益は出るでしょう。企業にも貢献できて利益も得られるというわけです。

私が株投資で最初の試練を受けたのは、リーマン・ショックです。

私が株を始めた２００５年は小泉《こいずみ》純一郎《じゅんいちろう》政権で、郵政民営化が決まった年です。まだ政治のことは全然分かりませんでしたが、そのときの衆院選が盛り上がっていたのは肌で感じました。

このころは景気がよくて、日経平均株価は５年ぶりに１万５０００円台となった時期でした。私が初めて買った東京ドームの株は、買ってから１カ月、株価をチェックすることもなく、ほったらかしにしていたのに利益が増えていました。今思えばビギナーが始めるのにはいい状況だったんですね。

気をよくして銘柄を買い足して、投資額も少しずつ増やして順調に続けていたら、2008年にリーマン・ショックが起きました。

そのときはぐんぐん株価が下がっていくのを見て、「どうしよう、どうしよう」とパニックになっていました。結局売れずに、そのまま塩漬けにするしかありませんでした。そこで初めて、塩漬けのしょっぱい味を知った気がします。

そのときの株を売ったのは5年後です。上がるのを待って、待って、売ったときはスッキリしました！

このような体験から、「株は売らない限り、損にはならないんだな」と実感しました。ただ、上がるのを待っている間はチャートを見るたびにため息をつく毎日を過ごすので、ホントにメンタルを鍛えられます。

FX（外国の通貨を売買し利益を得ること）や信用取引（証券会社からお金を借りて、自己資金以上の取引をすること）、先物取引（将来の決められた日に、今取り決めた価格で売買すること）などは損切りをしないと借金を背負うことになりますが、現物ならムリに損切りをしなくても大丈夫。また株価が復活するまで、「なかったこと」にしておけばいいだけです。

そんな経験を何度もするうちに、「株はいいときもあれば悪いときもあるものなんだ」と心が強くなり、パニックを起こさなくなりました。

リーマン・ショックのときは何もできなくてオロオロするばかりだったので、あとになってから、「あのとき、買っておけばよかった」と後悔しました。経験を積んだら、底値は最高のチャンスだと分かったからです。

今回のコロナの影響による株価下落で、また「あのとき買っておけば」を口癖にするのは嫌だったので、2つの銘柄で「ナンピン（難平）買い」をしました。

ナンピン買いとは、持っている銘柄の株価が下がったときに、さらに買い増しをすること。そうすると、持っている株の数が増えて、取得した単価の平均値が下がります。それを株価が上がってきてから売れば、ナンピン買いする前よりも利益が出るのです。

ナンピン買いは、「5回まで」などと回数を決めている人もいるようですが、私は回数は決めず、様子を見ながら大きく損をしないように少しずつ買いました。

これで、「私はうまく乗り切った」とあとで言えるに違いないと、この原稿を書いている段階では思っています。

自分の株が下がったときに、売らないで買い足すのも度胸がいります。「まだ下がるカモ」「まだ上がらないカモ」と「まだカモ」に負けそうになっている自分もいるので、普段のニュースは一切見ないようにして、録画した映画や明るいものだけを見るようにしています。

毎日の日課の株価のチェックも、ナンピン買いした銘柄の分だけ、さっと見て終わり。すっかり現実逃避をしています。

それでも、日本は東京オリンピックを2021年にできる状況に持っていくんじゃないかと信じています。アメリカも秋には大統領選挙があるので、再選を果たしたいドナルド・トランプ大統領は強引に景気を回復させるんじゃないでしょうか。そうすれば、日本の景気も持ち直すはずです。

そんな風に明るい未来が来るのを祈りながら待つ日々です。

仮想通貨をかじってみました

「投資は何でもやってみよう」と思っている私は、仮想通貨が流行《はや》り始めたころに、流れに乗りました。

私は先物取引やFXのような「投機（価格の変動の激しい売買の商品）」は、ギャンブル的な印象を持っているので手を出さないようにしています。仮想通貨は「投機」じゃなくて「投資」でしょ、と思っていたら、実際には投機に近いものでした（苦笑）。

仮想通貨は、電子データのみでやりとりされる通貨のことで、お札やコインのようには実物がありません。電子マネーのようなものと考えると、分かりやすいかもしれませんね。

有名なのはビットコイン。ほかにも、リップル、イーサリアム、ライトコインなどなど、いろんな種類の仮想通貨があります。2020年後半にはFacebookが「リブラ」という仮想通貨を発行する予定のようです。

普段使っているお札やコインは、その国の中央銀行が発行しています。日本なら日本銀行が「円」のお札を刷って世の中に流通させています。

仮想通貨は国や中央銀行が管理するのではなく、お金を発行する団体もいなければ、管理者もいないという不思議なルールで成り立っています。誰かと誰かのやり取りを、みんなで監視しあうシステムになっているそうです。

仮想通貨で使われているブロックチェーンという技術は、ネットワークに接続した複数のコンピュータでデータを共有することで、データが改ざんされないようにします。といっても、私も難しいことは分からないので（笑）、「見えないけれど、世界中で使えるお金」ととらえればいいんじゃないかなと思います。海外に行ったら現地のお金に替えなきゃいけませんが、それをしなくても仮想通貨は使えます。

仮想通貨は「交換所」や「取引所」と呼ばれるところで購入します。今は20社ぐらいの取引所があります。

日本では仮想通貨を使えるお店は少なくて、チェーン店だとビックカメラ、メガネスーパー、コジマなどがあります。あとは個人店なので、まだまだ通貨としては使い勝手は悪いという感じです。

仮想通貨が投資の対象になるのは、値動きが激しいからです。一日に数十万円グンと上がることもあれば、ドンと落ちることもある。日本円に換金できるので、天井のところでお金に換えたら一瞬で大金持ちになれるかもしれないのです。

2017年から2018年にかけて、仮想通貨バブルが起きて、日本でも「億《おく》り人《びと》」がかなり誕生しました。

私が始めたのもそのころでした。

芸能界の友だちと集まってご飯を食べているときに、「杏璃さん、投資をやるんでしょ。仮想通貨も絶対やったほうがいいよ」と勧められました。その場にいた人たちはみんな投資をやっているので、「じゃあ、みんなでやってみようか」と、その場のノリでビットフライヤー（仮想通貨の取引所）のアプリをダウンロードしました。

仮想通貨を始めるときは、株と同じで取引所指定の口座に入金して取引をすれば投資がスタートします。

次の日に口座に80万円を入金して、1ビットが30万〜40万円ぐらいの値がついていたので、とりあえず1ビット40万円を買ってみました。ビットコインは0・01ビットでも0・1ビットでも買えるので、8万円分だけ買おうと思ってもできます。するとみるみる値が上がっていき、100万円を超えたところで0・5ビット買い増しして、最終的には190万円ぐらいになりました。

「すごいな、こんなに上がるんだ！」と思いましたが、そのときはそれ以上は何もしませんでした。

仮想通貨は手数料が複雑で、日本円の入出金手数料、仮想通貨の入金、送金手数料、取引手数料などがかかります。手数料を無料にしている取引所もありますが、取引した金額によって売買手数料が0・01〜0・05％かかるところもあり、利益を確定させるべきかどうかで悩みました。

そうこうするうちに、今度はみるみる下がっていき、40万円ぐらいに戻ってしまいました。1年ぐらいの間でそれだけ浮き沈みしたので、「これは、今はうかつに手を出せないな」と思って、そこから先はいじっていません。

もう少し浮き沈みがおさまってきたら再開しますが、それまでは塩漬けにしておく予定です。

注目の仮想通貨、アソビコイン

私が仮想通貨で注目しているのは「アソビコイン」です。

アソビコインは日本のアソビモ株式会社が発行している仮想通貨で、この会社はオンラインゲームをつくっています。

私は元々ゲームが好きで、株でもゲームの会社の銘柄を持っています。自分で遊んでみて、面白いと思ったゲームをつくっている会社の株を買っているぐらいのマニアです。だから、ゲーム会社がつくる仮想通貨と聞いて、ワクワクしました。

アソビコインを使うと、ゲーム内のアイテムを約半額で購入できます。

それだけだと会員への優待のようなものですが、アソビコインはゲームで使っていたアイテムを、ほかのユーザーと売買できるのが特徴です。飽きてしまったゲームのアイテムを売りに出して、買いたいユーザーがアソビコインで支払うというシステム。もらったアソビコインで別のゲームのアイテムを買えるので、課金した分がムダにならずに済むのです。

そして、電子書籍や音楽ファイルもアソビコインで売買できるんです。

紙の本は読み終わったら古本屋さんなどで売れますが、電子書籍は自分で持っておくしかありません。それを、アソビコインを使えば、もう読まなくなった電子書籍や、聴かなくなった曲を売買できるのです。私は漫画も好きなのですが、ここ2〜3年は本を買わずに電子書籍で100％読んでいるので、「これは私も売りたい！」と思いました。

現在、アソビモさんの「ＤｉＳＥＬ（ディセル）」というサイトで発売された新品の電子書籍を買ったら、中古として売れるようになっています。今の時点ではアソビコインではなく、ポイントを購入して、欲しい電子書籍やゲームのアイテムなどを手に入れる方法です。

中古として出品するときは出版社が決めた下限価格を下回らない値段を設定することになっていて、取引が成立したらその分のポイントをほかの商品を買うために使えます。出版社にも中古が売れた段階で利益が入るので、紙の古本とは違って、出版社にもメリットがあるのです。

電子書籍の場合、データをコピーされたら勝手に売買されてしまう恐れがありますが、それはブロックチェーン技術を用いて電子書籍と購入者を関連づけ、改ざんできないように管理するそうです。

アソビコインが使えるようになって、電子書籍の数が増えたら、もっと面白くなるんじゃないでしょうか。


アソビモさんは「デジタルコンテンツのメルカリを目指す」とおっしゃっていて、そこもこれからの時代にとても合っている会社だと感じました。

そこで、応援する気持ちを込めて、プレセールをしているときにアソビコインを購入しました。

アソビコインは2019年にセーシェル共和国の「シエロ取引所」でコインを上場しましたが、その後上場を廃止。2020年に別の海外取引所で上場する予定があるそうですが、今は日本ではコインは買えないということですね。

日本でも上場したら、すごく期待できるので、そういう仮想通貨のほうが未来があるかなと思っています。私のように上場を心待ちにしているファンも多いようです。もし日本で上場しなくても、ゲームで遊ぶか電子コミックの売買で使えばいいので、マイナスにはなりません。

これからも新しいタイプの仮想通貨は続々誕生するでしょう。投機のように売買するより、通貨として使っても楽しい仮想通貨を見つければ、一粒で二度おいしい投資をできるかもしれません。

フワフワした投資には注意！

２０１９年にマネックス証券が日本と米国、中国（香港）の個人投資家を対象に調査したところ、日本ではすでに仮想通貨に投資している個人投資家は13・１％だったそうです。これは過去最高とのことなので、ちょっとずつ認知度は上がっているのかもしれません。

仮想通貨をやってみた感想として、ここまで急激に上がったり下がったりするようなフワフワしたものは、やっぱりもうちょっと落ち着いてからのほうが安全だと思います。

もし、投資をしたことのない初心者で、仮想通貨に興味があるなら、もう少し動きが落ち着いて、もっと使えるお店が増えてから始めたほうがいいかもしれません。

株や不動産は、初心者よりもすでに始めている人のほうが情報量が多くて、圧倒的に有利です。しかし、仮想通貨はスタートしてまだ日が浅くて、みんなが分かってない状況なので、自分だけ勉強していなくて不利になるということにはならなそうです。

ビットコインなどの仮想通貨がよく分からないのは、何をもとに値動きしているのかが見えないところです。

コロナの影響で株価が暴落したときに、「いろんな国の通貨が信用できなくなってきてるから、こっちに流れてきて、1ビット100万ぐらいしてるのかな」とチャートを見てみたら、2月ごろは100万円を超えていたのに、4月に入ると80万円台に下がっていました。3月は50万円台まで落ちていた時期もあって、「怖すぎる……」と思いました。

株の場合、世界の情勢やその銘柄の業界が伸びているか失速しているかで、なんで売られているのかも買われているのかも大体予測できるのですが、仮想通貨は何を材料にしているのかさっぱり分かりません。

それに、取引所がハッキングされて、数百億円が流出した、なんて事件もありました。セキュリティーが本当に万全なのかも不安が残ります。

私は、東京オリンピックのときには外国人が大勢日本に来るので、それでいろんな店舗がビットコインに対応するようになってシステムができていって、ペイペイのようにもっと普及すると思っていました。それが、一向にその気配がないので、まだ当分先になるのかもしれません。

2017年4月から取引所は金融庁への登録を義務付けられました。信頼できる通貨として、国を挙げて発展していくようになるといいなと思います。

プロの投資家はみんなが認知してからでは遅いというけれど、それからでも十分利益を得られます。私は今までずっとそう考えて株投資をしてきました。

一度に何千万円、何億円を得ようと勝負するんじゃなくて、数万円、数十万円の利益が出るのなら、仮想通貨も決して投資としては悪くはないと思います。

投資と一緒に歩んできた人生

私が20代前半のころ、グラビアの撮影でタイに行ったときに、現地のデパートでは金の製品だけを売っているフロアがありました。金のブレスレットやネックレスを売っていたり、ゴールドバーを売る店があったり。街には「金行《きんこう》」と呼ばれる金の売買をしている店もありました。

タイは金が安く買えるので、金を買うのを目的で訪れる観光客は大勢いました。現地の人も金のブレスレットとかピアスやネックレスを身に着けていて、何かあったときにすぐ売れるように持ってるのだと聞いて、「すごいなあ」と感心しました。

そのころは金が流行っていたのか、私の周りにいるお金持ちも金を持っていると話している人たちが多かったので、「魅力があるものなんだな」と感じていました。確かに、金は世界共通だし、持ち運べる資産なので最強です。

そのときからすでに、金をアクセサリーとしてではなく、資産や投資対象として見ていたような気がします。

ただ、さすがにグラビアの撮影の合間に「金を買いに行きたいんですけど」って言ったら引くなあと思って、買うのはガマンしました（笑）。

自分の持っているものを高く売る。

それで考えると、私の投資の原体験は学生時代のフリマです。

着なくなった洋服を捨ててしまうのがもったいなくて、ネットオークションに出品していました。思いがけずに高く売れたら、嬉しくて嬉しくて母に報告していました。母も「すごいじゃない！」と誉めてくれるので、調子に乗ってまた出品したり。

お小遣いは望めばちゃんとくれる家庭だったのですが、なぜか「私のためにお金を使わせちゃうのも申し訳ないな」という気持ちがあって、自分でお金を貯める方法を一生懸命考えていたのです。

芸能界に入って、とんでもなくお金持ちの人たちと知り合うようになりました。

そういう人たちは3億円で外車の限定モデルを買って、倉庫で1年寝かせておいてから10億円で売ったりしています。車も時計も宝石も絵画も、お金持ちの人たち限定の商品があって、一般の人には情報さえ回ってこないんだと、初めて知りました。

そういう話を聞くと、「この人たちは株なんかやらないだろうな」とうらやましく思う反面、自分はやっぱり株でコツコツ稼ぐほうが合っているな、とも思います。

私にとって株はただお金を増やすだけの方法じゃなく、自分の人生の一部なので、株をしなくなったら抜け殻のような人生になってしまうかもしれません。

株は私の生き方も変えました。

銘柄について調べるときは徹底的に調べています。手抜きをすれば自分が痛手を負うと分かっているからです。サボるとそれだけマイナスになるので、物事に真剣に取り組む姿勢を学んだ気がします。

株は精神的にも経済的にも、自立心を養えるのかもしれません。

これから注目している銘柄

株投資では、その年によって注目している銘柄は変わります。

コロナ危機で人々の行動パターンが変わったと言われています。ネットフリックスやズームのように巣ごもりで楽しむビジネスの企業は、こんな状況でも過去最高益となっています。

外出自粛で、お買い物もネットですることが増えました。その生活スタイルはコロナ後も続く気がします。楽天のような通販系の企業は変わらず伸びていくのではないでしょうか。株価も安いので、初心者でも買いやすい銘柄です。私もずっと売ったり買ったりを繰り返しているお気に入りの銘柄の一つです。

休業している間、株価は一時的には下がりはしたものの、すぐに盛り返す銘柄もありました。オリエンタルランドは、ディズニーランドもディズニーシーも長期間休園しているにもかかわらず、株価は下がりはしたもののすぐに回復しました。新しいアトラクションとエリアができるので、終息後の期待値のほうが大きいのだと思います。

あと私はゲームが好きなのですが、ゲーム関連はコロナの影響をあまり受けておらず、夏に向けて新しいゲームを発表するところもあるので、特にスマホのアプリゲームに力をいれている会社に注目しています。

ほかにもワクチンや治療薬の研究開発をしているバイオ系の企業の銘柄は最強のテーマ株だと言われていますし（2020年4月時点）、薬局の銘柄も好調です。これから企業の業績が悪化して広告費を削るだろうから、広告会社の株が急落するんじゃないかというプロの投資家さんの意見もあり、一つの事態からいろんなところに影響していくんだな、と改めて実感しています。

私は今のところ、今まで買ってきた銘柄をガラッと変えるつもりはありませんが、世の中の動きに合わせて変えていくかもしれません。

それはそれで今までとは違う体験をできそうなので、株はアフターコロナの時代はできるだけ前向きにとらえて、状況を見ながら新たな未来に期待をしながら運用していこうと思います。

Chapter 06

お金との上手な付き合い方

人生初のローンを組みました

ローンを組むなんて、絶対イヤ！

そんな風に思って30年以上生きてきた私が、２０１９年に実家の建て替えでマイホームのローンを組むことにしました。

5年ぐらい前に、株投資で出た利益で実家を建て替えて、家族にプレゼントしました。そのときは一括で支払ったんですが、数年後新たに広島の土地に家を建てることになって、そのときはさすがに一括払いはキツイなとプレッシャーを感じたのです。

そこで意を決して、人生初のローンを組むことにしました。

建て替えは高校の先輩が勤めるハウスメーカーにお願いして、ローンはそのハウスメーカーの系列の会社で契約しました。

私が組んだのは物件価格の8割以下を融資してもらえるローンで、買った額の5分の1くらいを頭金として入れ、年収の5倍ほど借り入れました。固定金利で最初の10年が0・98％、以降1・23％になり、元利均等返済で、月々最低ラインの金額を返済しています。将来の金利がどうなるか分からなかったので、お勧めされるままに固定金利を選びました。

団信については71ページでも述べました。

今回ローンを組んだのは、団信に入りたかったからというのも大きな理由です。団信は亡くなったときだけではなく、例えば1年間病気で仕事をできなくなったときに保険会社が代わりにローンの残債を払ってくれて、家も手に入ります。ローンを組んで2、3年後にがんだと診断された方が、団信のおかげでローンの残債が0円になったケースもあるのだとか。

私にローンを勧めてくれた先輩は、自分もローンを組んで団信に入っていて、「自分もいつ倒れるか分からない、団信でローンを返さなくていいなら、最長で組んだほうがいいよ」とアドバイスをいただきました。

一瞬、「金利を長くとるために言ってるんじゃないの？」と疑ってしまいましたが、よくよく考えても「やっぱりそうだな」と思いました。

だから、繰り上げで完済したら団信を使えなくなってしまうので、バランスを見ながら少しずつ繰り上げ返済をしていく予定です。「備えよ、常に」がモットーの私としては、住宅ローンは、まさに「もしも」のときの保険という役割です。

団信にはいろんな特約があります。私はローンを組んだ商品についていた団信にそのまま入りましたが、自分が入りたい団信を調べて、そこでローンを組むというのもアリかもしれません。

私の場合、保険料はローンを組んだ会社が負担するという商品でした。普通はローンの金利に保険料が0・2〜0・3%上乗せになるようです。

ちなみに、住宅ローンと投資用ローンはどちらを先に組むのがいいでしょうか。ローンは個人の与信枠で融資額が決まるので、例えば投資用ローンを組んだあとに残っている与信枠が、マイホームで購入しようと思っている物件価格より少なければ、足りない分頭金が必要になります。マイホームの購入を検討している場合はそのことも頭に入れて、マイホームと不動産投資の計画を立てましょう。

口座を分けて、カンタン資産管理

私は銀行口座を用途別にたくさん持っています。

例えば、口座は住宅ローン用、仕事のお金が振り込まれる用、生活費用、貯金用、郵便貯金用、株用の口座などがあります。住宅ローン用のお金は、仕事のお金の口座から移します。

貯金用の口座にあるお金は絶対に手をつけません。

株の利益は、次の株を買うときの資金にするので、株用の口座のなかでお金を回しています。もう少し攻めの投資をしたいときは、数年に一度、仕事のお金用の口座からお金を移すこともありますが、基本的にはほかの口座のお金を株には回さないようにしています。

口座を分けて気づいたのは、家計簿代わりになるということ。

私は自分の力でお金を稼ぐのは好きなのですが、細かいお金の計算は苦手です。株も毎月どれぐらい利益があって、損をしたのかはざっくりととらえている感じですし、日常では家計簿もつけません。そこまでしたらお金に縛られてしまう気がするからです。

「毎月払わなきゃ」と精神的に追い込まれるのは嫌なので、住宅ローン用のお金をストックしておく銀行口座をつくりました。そこに「1年間でこれぐらいあれば大丈夫かな」と何百万円かをストックして、そこから引き落とされるようにしています。

さらに、口座を分けると、「今月はこれだけお仕事で稼いだ」「今月は光熱費や水道料金でこれだけかかった」という感じで、通帳に記入しなくてもネットの口座の履歴を見れば分かります。それが家計簿代わりになるので、意外と便利です。

銀行ごとにハンコを変えているので、それはちょっと不便ですが、ハンコがなくなったら、その手間もなくなるでしょう。

そもそも口座を分けるようになったのは、「ペイオフ」があるからです。

ペイオフは、銀行が破綻したときに預金は1000万円までとその利息しか保護されないという制度です。1000万円を超えるお金はなくなってしまうと聞いて、それなら銀行を分散させて資産を分けようと思いました。

これも「備えよ、常に」になるかもしれません。メガバンクはさすがに国が倒産させないでしょうが、地銀や信用金庫はどうなるか分からないので、貯金額は気を付けたいところです。

口座が一つだけだと貯めるはずのお金もいつの間にか使っていたりして、全然貯まらないものです。だから、お金が入ってくる用と貯める用、普段使う用の最低でも3つは分けたほうがいいんじゃないでしょうか。

口座を分けるのは資産管理の第一歩になります。

私のざっくりポートフォリオ

資産形成でよく使われている「ポートフォリオ」という言葉。

これは「資産の内訳」を考えることです。

自分の今のざっくりとしたポートフォリオを書き出してみたら、今のお金の使い方も見えますし、何を増やして何を減らせばいいのかも見えてきます。それをもとに理想的な資産の配分を考えられるというメリットがあるのです。

私のポートフォリオは【図10】のような感じです。

◎投資
株投資に使うお金が半分を占めています。

図10 ざっくりポートフォリオ

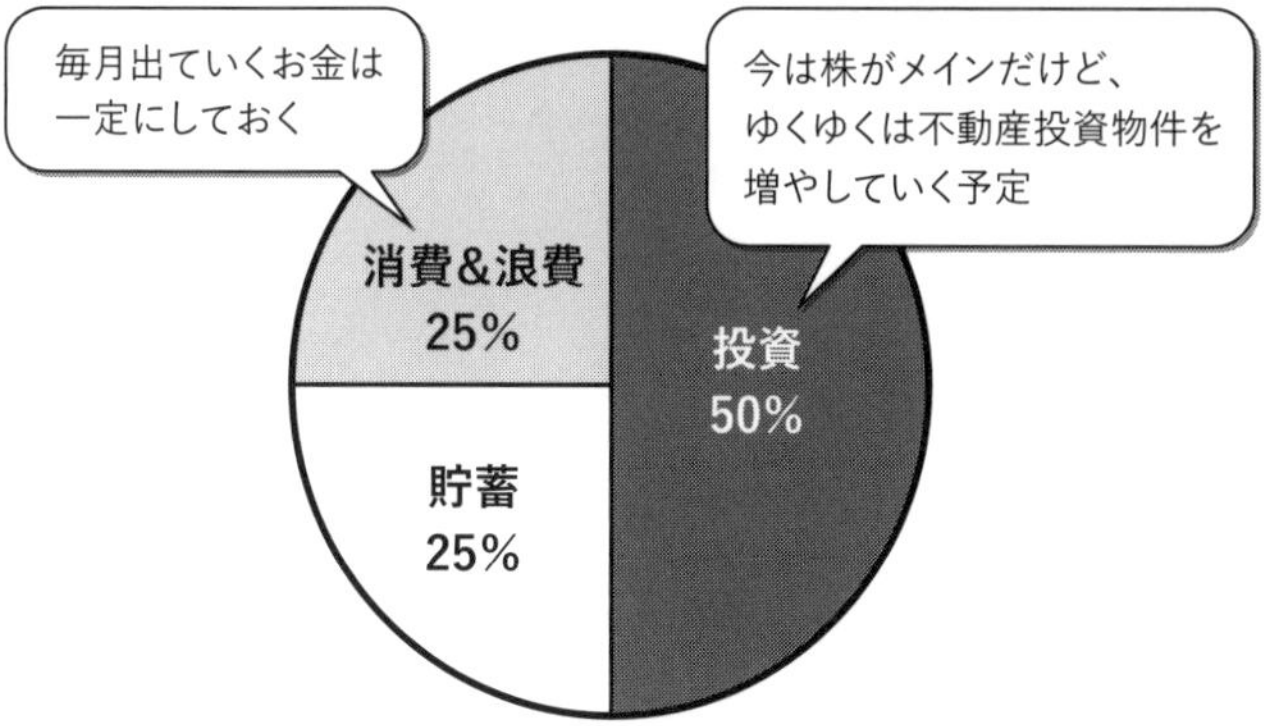
毎月出ていくお金は
一定にしておく
今は株がメインだけど、
ゆくゆくは不動産投資物件を
増やしていく予定
消費&浪費
25%
投資
50%
貯蓄
25%

◎貯蓄

これは資産の4分の1と決めています。このお金には手をつけないようにしています。

老後のためのお金や家族に何かあったときのためのお金、自分に何かあっても5年ぐらいは生きていけるだろうと思えるお金をストックしています。

◎消費と浪費

残り4分の1はこの2つです。

消費は水道・光熱費や食費、賃貸の家賃、住宅ローンといった生活するうえで必要なお金です。

浪費は遊ぶために使うお金で全体の10分の1ぐらい。私はほとんど遊ばないので、3カ月に

1回、母と一緒に実家に帰るための交通費の往復代ぐらいしか使いません。

芸能関係の仕事は服やバッグ、アクセサリーなどの小物、メイクや美容院代のほとんどは必要経費として事務所に請求できます。だから自分のお金を使わずに済むのです。

趣味は投資で、それ以外にしていることはありません。旅行は苦手だし、友だちと遊ぶのも少ないほうだし……たまに映画を見に行くのも、仕事でチケットをもらったら行くぐらいです。だから、投資でお金を増やしても、ほとんど自分のことには使っていません。外食もしますが、そんなにしょっちゅうは行きませんし。「何のためにお金を稼いでいるの?」と不思議に思う人もいるかもしれません（笑）。

私は投資が大半を占めているのですが、貯蓄が大半を占めている人もいれば、実は浪費が半分もあった、という人もいるかもしれません。

ポートフォリオは投資の組み合わせを考えるときにつくる方も多いようですね。国内の株投資を40%、外貨を30%、不動産投資を30%という具合に。

私も今まではずっと株投資を中心にしてきましたが、ずっとハラハラドキドキの毎日を送るのではなく、もう少し落ち着いた投資もしたいな、という思いもあって不動産投資を始めました。

これからも株は続けますが、漠然とですがあと10年ぐらいしたら比率を減らそうかなあとも考えています。オリンピックや大阪万博が終わると、私の中のアクティブスイッチが一旦落ち着いちゃうような気がしてるんです（笑）。今後の人生設計も含め、年を取っていくので、いつか不動産投資が逆転するかもしれません。

お金を貯めるには、お金の川をつくる

前回の本では「お金の川」の話をしました。

これは元証券マンの伊藤邦生さんが書いた『年収1000万円の貧乏人 年収300万円のお金持ち』（KADOKAWA）という本に載っている教えです。お金の流れを川、お金が貯まる場所（家計）をダムに例えています。

ダムに流れ込むのは給料の川、ダムから衣・食・住の川にお金が流れていきます。

ダムにお金を貯めるには収入の川を何本も増やすのがもっとも手っ取り早いですし、川が増えれば心も安定して人生は豊かになります。

お金の川を増やすために、投資は役立ってくれます。

今回の**不動産投資は大きな川にはならないかもしれませんが、どんなときも干上がらないライフラインとしての川になる**と思います。

「なかなかお金が貯まらない」

そう悩んでいる方は多いかもしれません。

お金を貯める基本はシンプルで、

1、お金の支出を減らす

2、収入を増やす

の2つしかありません。

女性が得意なのは一番の支出を減らすほうでしょう。

私も同じものなら安いお店で買いますし、欲しいものがあっても30%以上割引にならないと買わないこともあるので、財布のヒモをきちっとしめています。

ただ、「毎月支出をこの額に抑えよう」とか、「毎月○万円を貯金しよう」と決めているわけではありません。

自分でいうのも何ですが、お金遣いは荒くないので、月ごとに支出の額は大きく変わりませんし、使わなかったお金はそのまま貯金に回します。

買い物をするときにコツコツとポイントをためて、そのポイントを使って買い物をするのも節約になります。私もよく使うお店のポイントをためていますし、使うときは「得したな」と思うのですが、それだとわずかに節約できる程度なので、やはり一番いいのは2番の収入を増やす方法ではないでしょうか。

お勤めしている方なら、今以上に働いてもお給料はほとんど変わらないでしょう。収入源を増やすなら、副業をするか、投資をするかという選択肢があります。

私は今、「芸能関係の仕事」「投資の利益」「事業の収入」の3つの収入源があります。割合でいうと、芸能4、投資3、事業3といった感じでしょうか。

芸能の仕事はこの先もずっと今のペースで続けられるのかは分からないので、もう一つ収入源を増やせたらな、と考えています。そのために投資に特化したオンラインサロンを始めたいと、ひそかに考えています。

収入が減ってから「どうしよう」とオロオロするのではなく、収入源は増やせるときに増やしたほうがいいと思います。

もちろん、収入を増やしても支出が多かったら、せっかく稼いだお金は手元に残らずに流れていくばかりです。収入を増やすのと同時に、出て行くお金もきっちりと管理しましょう。

Chapter 07

「備えよ、常に」で安心も手に入れる

結婚＝安定ではありません

私は結婚して今年で2年目になります。

まだ新婚でラブラブの時期のはずなのに、「結婚は安定ではない」なんて夢のないことを言っていますが、結婚する前も、してからもその想いに変わりはありません。

いくらお金を持っている人と結婚しても、その人の会社がつぶれてしまったら借金を抱えることになりますし、旦那さんが病気で倒れてしまうかもしれません。

大会社の株が紙切れになる経験をしている私としては、「世の中、何が起きるか分からない」といつも思っています。

芸能界に入ってから、高価なプレゼントをくれて、おいしいものを食べさせてくれた人に限って、別れるときに「僕はこんなにもいろいろしてあげたのに」と非難されることがありました。

「えっ、私のことを思って選ぶのも楽しいから、くれたわけじゃないんだ」とショックを受けて、タダより怖いものはないと感じた経験が何度もあるので、どこかで男性を信頼しきれないいんだと思います。

そんな人間不信になりかけている私を受け入れてくれたことには感謝していますが、お財布は夫とは完全に分けていて、自分に必要なものはなるべく自分で買っています。夫に何か買ってほしいとねだったこともありません。夫から「お金を自分に払わせてほしい」と言われても、かたくなに拒んでいます。

もし夫に依存する生活を送っていたら、もしものときに困るんじゃないでしょうか。

夫が倒れたら働きに出なきゃいけなくなりますが、主婦が仕事を見つけるのは簡単ではありません。子どもを抱えていたら、なおさらフルタイムで働くのは難しいでしょう。

それに、夫に浮気されたりDVされたりしても、お金がないと別れたくても別れられなくなります。もう愛情がないのに夫のお金をあてにしてガマンして一緒にいたら、自分の人生を生きられなくなります。

私は、それが一番怖いなと思います。だから結婚後もずっと投資を続けて、自分でお金を稼げる道を閉ざさないようにしています。

結婚はゴールじゃなくて、人生を一緒に並走してくれるパートナーを見つけるということじゃないでしょうか。

備えあれば、患《うれ》いなし。お金に縛られる人生は空《むな》しいですが、お金は自分を自由にしてくれる道具でもあるのです。結婚後も自分の収入の川を閉ざさないほうがいいと、私は声を大にしてみんなに訴えたいです。

自分が積み上げてきたものを大事にする

私が普段親しくさせていただいている方の一人に、人気ファッションブランドの創業者の方がいらっしゃいます。

私と同じ広島の福山市の出身で、私が通っていた学校の大先輩です。若いころからとても行動力のある方で、海外留学を経て、サラリーマンから若くして起業され、数年後にはファッションブランドを立ち上げました。おしゃれなイメージのCMを大胆に打ち出し、若い女性の支持を集めると、一気に人気ブランドに押し上げた方です。

人がやらないような視点で、先を見据えて、コレと思ったら臆することなく挑戦する、そんな潔《いさぎよ》さと決断力のあるビジネススタイルはホントすごいなあと尊敬してます。

私はその方とお会いするたびにいろんなアドバイスをいただいています。

「積極的に投資はしなきゃいけないよ」と教わったから、補正下着の事業に踏み出す勇気をもらえたんだと思います。

私みたいな小娘が相手でも、話に真剣に耳を傾けてくれます。

「何でグラビアアイドルなのに映画を撮ろうと思ったの?」とか、「どうして自分がグラビアアイドルだったころの軌跡を映像化しようと思ったの?」とか、私がどういう思考でそうなったのかをすごく聞いてくれます。

そのうえで、「それは合ってるよ」「それは間違ってるよ」とアドバイスしてくださるのです。

あるとき私が、株の銘柄選びでも補正下着の事業でも、自分と縁のあるものを大事にしていると話したら、「そういう考えは大事だよ。自分が積み上げてきたものを絶対にムダにしちゃいけないし、1%でもいいからその材料を使って、次のことをやらないと絶対に成功しないよ。広げるのも大事だけど、手当たりしだいにやったら絶対ダメだよ」と言われました。

その方はファッションをビジネスにしようと選びましたが、詳しいわけではなかったので、成功するまですごく苦労したと話していらっしゃいました。だからそういう方法はとらないほうがいいと助言をいただいたのです。それを聞いて、自分のやり方は間違ってないんだと自信を持ちました。

一方で、補正下着の事業でいつか中国やマレーシアに進出したいと話したら、「それはやめたほうがいい」と諭《さと》されました。

「あなたはその土地にゆかりがあるの？　その土地の言語や文化を知ったうえで行くの？　何の知識もないのに『私が行ったら売れるでしょ』っていう、強気なマインドで行くのは絶対によくないよ。中国語を一通りしゃべれるようになってからその話をするんだったら別だけど、今はやめたほうがいい」と言われたのです。

さらに、「多分それは逃げてるだけだからね」とも言われました。

その理由を聞かなかったのですが、「日本でうまくいかないのを逃げてるだけだ」と伝えたかったのかな、と思います。

本音としては、中国に進出できるならしたいと今でも思っています。とはいえ、通訳を連れて中国のテレビのバラエティ番組に出たこともあるのですが、笑いをとるのは難しいし、何が響くかが分からないので、やっぱり難しいな、と感じました。

だから、いきなり中国に本腰を入れて進出しなくてよかったと思っています。

その方はお金の使い方も上手だし、生き方も考え方も尊敬しているので、そういう方と知り合いになれて、ご縁は本当に大事だと改めて感じます。

そういうお手本になる方と出会えるかどうかは、人生を大きく変えるんじゃないでしょうか。皆さんも、まだそういう方と出会っていないのなら、いろんなところに出かけてチャンスをつかんでいただきたいと思います。

人生は、面白おかしく生きられたら勝ちです！

私が子どものころ、家で交わされていた会話は、少し変わっていました。

例えば、何かおいしいお菓子をもらっても、

「これをもしうちの店で売ったら、もっと売れるのになあ」

「これ、2000円だけど、パッケージを変えたら3000円で売れるんじゃない？」

といった、まるで商魂たくましい商人のようなやりとりです。祖父も祖母も一緒になって、みんなでワイワイとそんな会話を交わすのが楽しいひと時でした。我が家は代々自営業をやっていたからだと思います。

もし私がサラリーマン家庭で育っていたら、別の人生を送っていたかもしれません。芸能界に入るのを選んだのも、収入は不安定で大変でも、自分の力で切り開いて

いくのが面白そうだったからです。

今でも、**「最後に笑えればいい」精神で、面白おかしくをモットーに日々の生活を送っています。**株で大失敗したエピソードをネタとして話せるのも、笑い話にしてみんなに楽しんでほしいからです。

補正下着の事業は共同経営者がいるのですが、彼は私と同世代で、とてもエネルギッシュな方です。

「思いついたら即行動」のタイプで、アイドルをプロデュースしたいという理由で大阪から東京に出てきたと言います。

不動産投資もずいぶん前からやっていて、民泊専用に3階建ての新築アパートを一棟買って、運用しています。自分の妹にその部屋で使う家具を選んでもらったという話を聞いて、「そんな投資もアリなんだな。面白そう！」と興味がわきました。

そのノウハウを教えてもらって、私もいつかやってみたいとひそかに考えています。

私の周りにはそんな面白い生き方をしている人が多いので、いつも刺激でいっぱいです。

面白おかしいものを追い求めて、投資もいろいろやってきました。

最初のころは投資はもっと時間に追われるもので、自分の頭の中の半分は埋め尽くされるものだと思っていましたが、デイトレードをしなければ普通に生活を送れるものなんだと気づきました。

メインの仕事もできますし、事業のことも、家庭のこともできます。株投資以外に不動産や仮想通貨に目を向けたら収拾がつかなくなるんじゃないかと心配していたのですが、やってみたら全然大丈夫でした。

それに、複数の投資をしていたほうが、よりしっかりとした備えになるんじゃないでしょうか。株がダメでも不動産、不動産がダメでも仮想通貨、という感じで、どれかが動いているなら安心できます。

不動産投資は他の投資と違ってまとまったお金が必要ですが、お金がないからと諦めず、女性でもきちんと自立して、定年後も余裕をもった生活を送るために、資産形成の選択肢の一つとして考えてみるといいのではないでしょうか。

私の買った物件は法人が借りていますが、コロナのような非常事態が起きたら、契約を打ち切られる可能性もあります。

それでも私は1年ぐらいはそのまま持っておくつもりです。自分や家族がホテル代わりにしたり、友人を泊まらせてあげたりしてもいいかな、と考えています。

最悪なことが起きたときのシミュレーションをしておけば、実際に起きても、何とかなるものです。

投資だけじゃなく、何事もそうだと思いますが、ずっと絶好調が続くわけじゃなく、いつか落ちるときが来ます。そこで急激に落下するのではなく、ゆるやかにソフトランディングできれば、早く立ち直れて笑える日が来るんじゃないでしょうか。

苦しいときほど、動いてみよう

実は、私は30歳になるころ、精神的に不安定になって、パニック発作を何回も起こしていました。

「もうそろそろ、グラビアアイドルを引退しないといけないかも。そうしたら、私には何が残るんだろう」

「引退するまでに、あと1年でこれをやって、来年はこれをやって……でも、目標を達成しちゃったら、何をすればいいんだろう」

そんな風に考えれば考えるほど、どんどん不安になって、感情をコントロールできなくなってしまったんです。

飛行機に乗れなくなってしまったり、車で移動している途中に怖くなって車外に飛び出したくなったり……。タクシーで移動する最中に救急病院に駆け込んだこともありました。

それまでは、自分は人一倍強い人間だと思っていたので、そんな風に混乱している自分をどうすればいいのか分からず、ますます追い詰められていきました。

そのときは心療内科のいい先生に巡り合えて、薬を飲んだら回復しました。元気になってまず思ったのが、「今、何も動かないでいたら、本当にダメになっちゃう」という危機感。

そして始めたのが、補正下着の事業です。もともと、体型維持のために自分がやっていることをノウハウにして伝えられないかな、と思っていました。補正下着だったら、誰もが手軽にボディーラインを美しく演出できると考えたのです。

「自分にはあとがない」という想いがあったからこそ、補正下着の事業に打ち込めて、何とか年商2億円のビジネスに育てることができました。おかげで、グラビアを卒業するときは心乱れることもなく、次のステージにシフトできました。


私には人生のターニングポイントがいくつかあります。

もし、あのとき芸能界の道を選んでいなかったら。

あのとき、株を始めていなかったら。

あのとき、事業を始めていなかったら。

今の私がここにいられるのは、それぞれのターニングポイントで悩んだりどん底に落ちそうになったりしながらも、自分らしい道を選んできたからだと思います。

もし、それぞれで別の道を選んでいたら、今の私はありません。私は家でじっとしていられない性格なので、もし専業主婦になっていたら、自分がやりたいことをガマンして愚痴ばかりの毎日になり、嫌気がさしていたでしょう。

そんな経験を踏まえて、今の私は**「苦しいときほど動く」**ことにしています。

マグロは泳ぎ続けていないと死んでしまうと言われていますが、私も動き続けていないと、どんどん自分らしさを失っていく気がします。

今でも私は、「5年先の自分は仕事がないかも」と不安に襲われそうになります。

そんな不安な気持ちを打ち消すためにも、次の種まきをせっせとしています。

皆さんも、不安な時期こそ、思いきってチャレンジしてみてはいかがでしょうか。

投資もチャレンジしないと成功はありません。不安で不安で仕方のないときにこそ動かないと、お金は減る一方です。

何もない平坦なときは、却《かえ》って「もっとお金が貯まってからにしよう」と先延ばしにしがちなので、こういうタイミングでないと一歩踏み出せないような気がします。

仕事でも投資でも恋愛でも、意外と男性よりも女性のほうが決断力はあります。男性は、何か最後の後押しがないと、何に対しても意気地がないというか、潔くないなと感じる場面があります。つきあっている男性と結婚するという話になったとき、足踏みしているのは男性のほうじゃないでしょうか？　それは、責任を一気に背負うことになることの不安からなのかもしれませんが……。

投資も、女性はやろうと決めたら迷わずに始める人が多いと感じています。男性はやる前に考え、女性はやってから考えるのかもしれません。

私は株投資をしている最中に、「まだカモ」に惑わされて迷って迷ってボタンを押せなかったら、後悔することがほとんどです。だから、迷い始めたら「えいやっ」と飛び込むようにしています。不思議なことに、そのほうがうまくいく場合が多いのです。

皆さんも、ぜひ一歩踏み出してほしいと思います。

その先には、きっと今まで見たことのない景色が広がってますから。

おわりに

最後までお読みいただきありがとうございました。

私は、不動産投資の海に準備運動なしで飛び込みました。

実際にやってみて、不動産投資は安定した収入を得られる投資であることは分かりました。ただ、専門的な知識がいろいろと必要で、初心者には分かりづらい面もあります。私自身、この本を作りながらとてもいい勉強をさせていただきました。

投資は難しい、素人がやるものではない、と固定観念を持っている方も多いと思います。けれども、やってみると意外と簡単で、「もっと早くにやっておけばよかった！」という話をよく聞きます。

実際、私もそうでした。

不動産投資も最初は、これでいいのかなあと模索しながらやっていましたが、半年もすると「こんなにほったらかしでできるもんなんだ！」とビックリしました。

杉原杏璃にできるんだから、誰にでもできる。私はそう思いますし、皆さんにもそう思ってもらえれば嬉しいです（笑）。

今、新型コロナウイルスで世界的に大きな経済ダメージを受けています。私もタレントのお仕事しかしていなかったら大変だったかもしれません。

だけど、いろいろな投資をしているから、こんなときでも不安にならずに、ステイホームをしていられたんだと思います。

ピンチのあとには必ずチャンスが来ます。

私が30代のころ、精神が不安定だったとき、思い切って始めたのが補正下着の事業でした。つらいときに動くと、いいことがあるんだとそのとき思いました。

経済が不調のときこそ、投資をスタートさせる絶好のチャンスです。「底」から始めれば、景気が上向くにつれて、上がっていくだけですから。

投資も事業も何事においても、何もしなければ資産を減らすリスクはないですが、増えることもありません。

よく言われますが、一度きりの人生です。チャレンジしなければ、後退はしないけれども、前進もない。平坦な道を歩むより、冒険しながら喜怒哀楽をおおいに楽しむ人生を生きたいと、私は思っています。

私はいつも、ピンチなときには自己暗示をかけます。

「絶対大丈夫！　うまくいく！」

そう言い聞かせていると、なんとかなるものです。

株価や価値が上がったり下がったりするのを見て不安になるのは私も同じです。

リスクヘッジは必要ですが、「もしうまくいかなかったら」と悪いことばかりイメージしていると、そっちに思考が向いてしまうような気がするので、どんなときも明るいイメージを持ちながら、心に余裕を持って日々を過ごしたいです。

もしかすると、これが投資をする上で一番大切で一番難しいことかもしれません。

そのためにも、「備えよ、常に」で自分らしい生き方ができる手段を増やしていきたいです。

何をきっかけに新たなチャレンジをするかはそれぞれだと思いますが、本書があなたのきっかけになって、思い描いていた夢が広がることを願っています。

2020年6月

杉原杏璃

切りとり線

★読者のみなさまにお願い

この本をお読みになって、どんな感想をお持ちでしょうか。祥伝社のホームページから書評をお送りいただけたら、ありがたく存じます。今後の企画の参考にさせていただきます。また、次ページの原稿用紙を切り取り、左記編集部まで郵送していただいても結構です。

お寄せいただいた「100字書評」は、ご了解のうえ新聞・雑誌などを通じて紹介させていただくこともあります。採用の場合は、特製図書カードを差しあげます。

なお、ご記入いただいたお名前、ご住所、ご連絡先等は、書評紹介の事前了解、謝礼のお届け以外の目的で利用することはありません。また、それらの情報を6カ月を超えて保管することもありません。

〒101―8701（お手紙は郵便番号だけで届きます）
祥伝社　書籍出版部　編集長　栗原和子
電話03（3265）1084
祥伝社ブックレビュー　www.shodensha.co.jp/bookreview

☆本書の購買動機（媒体名、あるいは○をつけてください）

＿＿＿＿新聞の広告を見て	＿＿＿＿誌の広告を見て	＿＿＿＿の書評を見て	＿＿＿＿のWebを見て	書店で見かけて	知人のすすめで

◎今後、新刊情報等のパソコンメール配信を　　希望する　・　しない

◎Eメールアドレス

@

100字書評

不動産投資は自分らしく生きる道具

住所

名前

年齢

職業

不動産投資《ふどうさんとうし》は自分《じぶん》らしく生《い》きる道具《どうぐ》
女子《じょし》のための資産運用入門《しさんうんようにゅうもん》

令和2年7月10日　初版第1刷発行

著　者　杉《すぎ》原《はら》杏《あん》璃《り》

発行者　辻　浩明

発行所　祥《しょう》伝《でん》社《しゃ》

〒101-8701
東京都千代田区神田神保町3-3
☎03(3265)2081(販売部)
☎03(3265)1084(編集部)
☎03(3265)3622(業務部)

印　刷　萩原印刷

製　本　積信堂

ISBN978-4-396-61732-5 C0033　Printed in Japan
祥伝社のホームページ・www.shodensha.co.jp